BARBARA RÜTTING
Lachen wir uns gesund

BARBARA RÜTTING

Lachen wir uns gesund

Anleitungen zum Glücklichsein

MIT LACH-CD

Herbig

Auf der beiliegenden CD lacht Barbara Rütting mit Freunden und einem Lachstar des Lachchors »krumm & schief«, siehe Anhang S. 159.

Bildnachweis:
Die Fotos auf den Seiten 20, 21, 23, 39, 79, 80, 93 sind folgendem Buch entnommen: Uber, Heiner/Papu Pramod Mondhe: »Länder des Lachens. Reisen zu heiteren Menschen«, Frederking & Thaler Verlag. Mit freundlicher Genehmigung des Frederking & Thaler Verlags München.
Foto Seite 12: Länderpress, Interfoto München
Foto Seite 28 von Eva-Maria Schalk.
Die Fotos auf den Seiten 30, 68, 69, 97, 135 mit freundlicher Genehmigung von Osho International www.osho.com
Fotos Seite 56, 57, 60, 108 von Ingeborg Weiler, München
Abbildung Seite 141 aus dem Buch: Werner Schuhmann: Zille sein Milljöh, Hannover 1952.
Alle anderen Fotos stammen aus dem Privatarchiv der Autorin. In manchen Fällen konnte der Bildrechteinhaber nicht ausfindig gemacht werden. Gegebenenfalls bitten wir, die Ansprüche beim Verlag geltend zu machen.

Besuchen Sie uns im Internet unter
http://www.herbig.net

2. Auflage – Januar 2002
3. Auflage – April 2002

© 2001 F.A. Herbig Verlagsbuchhandlung GmbH, München
Alle Rechte vorbehalten
Schutzumschlaggestaltung: Wolfgang Heinzel
Satz: ew print & medien service gmbh, Würzburg
Gesetzt aus 10,5/13 Optima
Druck: Jos. C. Huber KG, Dießen
Binden: R. Oldenbourg, München
Printed in Germany
ISBN 3-7766-2236-9

Inhalt

Vorwort	7
Wie ich mich durchs Leben lache (und weine) . . .	11
Die Wissenschaft vom Lachen – die Gelotologie .	15
Renaissance des Lachens.	19
Lachen ist die beste Medizin – wer viel lacht, lebt länger!	23
Dr. Chaplins Lachtherapie	25
Warum lacht der Mensch – und wer lacht worüber?	27
Humor in der Therapie – Fragen und Antworten .	33
Eine therapeutische Clownin berichtet	43
Mein Weg zum Lachen als Therapie	43
Ein Klinikclown und seine Ketchupspritze	53
Lachen und Weinen – zwei Seiten ein und derselben Medaille.	59
Lachen in der Zen-Tradition und bei Osho	63
Die *Mystic-Rose*-Therapie	67
Die Woche des Lachens	69
Die Woche der Tränen	70
Die Woche der Achtsamkeit	72
Toni und Monika über Lachen und Weinen in der *Mystic Rose*	75

Inhalt

Länder des Lachens –
Reisen zu heiteren Menschen 79
Wird das Lachen sogar die Politik erobern? 83
Welt-Lachtag in Berlin 87
Gelacht in der Humorkirche 93
Ich bin eine Lachwurzn 101
    Wer kann nun worüber lachen? 105
Lach dich gesund, nicht kaputt! 107
Ätsch! – Lachen aus Schadenfreude 113
Aus dem Theater geplaudert 117
Humor ist, wenn man trotzdem lacht 123
Tabus beim Witz – gibt es die noch? 127
Meine Witzkiste 133
    Witze 134
    Marterlsprüche 150
Nachwort 157
Anhang
    Adressen, Organisationen und Autoren 158

Vorwort

Hätte ich geahnt, wie viel Literatur es zum Phänomen des Lachens bereits gibt, wäre ich wohl kaum auf die Idee gekommen, da noch etwas beisteuern zu können. So aber hatte ich gerade in einem indischen Meditationszentrum die segensreiche Wirkung der *Mystic Rose* erfahren, einer Therapieform, die der indische Mystiker Osho kreiert hat und in der man unter anderem eine Woche lang täglich drei Stunden lacht.
Dabei widerfuhr mir dieses wunderbare Aha-Erlebnis. Schon lange auf der Suche nach irgendetwas, wofür ich vielleicht ganz speziell begabt sein könnte, was sozusagen darauf wartete, von mir gelebt und an andere weitergegeben zu werden, hatte ich plötzlich dieses elektrisierende Gefühl: Das ist es! Ich kann gut lachen, ich kann gut weinen – immer schon. Meine erste Filmrolle erhielt ich nämlich Anfang der Fünfzigerjahre weniger wegen schauspielerischen Könnens, das war nämlich gleich Null, als vielmehr wegen der Tränen, die ich als Flüchtlingsmädchen so großartig rollen lassen konnte. Und in der Kamera sah das ganz toll aus.

Ich kann gut lachen, ich kann gut weinen – immer schon

Wenn das so einfach geht, dann probiere ich doch mal die Schauspielerei aus, dachte ich mir damals ganz schön naiv. Denn so einfach blieb es nicht lange – aber das ist ein anderes Kapitel.
Nach diesem Aha-Erlebnis in Indien beschloss ich, die Ausbildung zur *Mystic-Rose*-Trainerin zu machen, um diese Meditationsform dann hier in Deutschland anbieten zu können.

Vorwort

Es ist aber ziemlich schwierig, Leute davon zu überzeugen, dass sie drei kostbare Wochen – denn so lange dauert die *Mystic-Rose*-Therapie – opfern sollen, um zu lachen und zu weinen. In kleineren Gruppen, unter anderem in einer Klinik, bei Gesundheitskongressen und Kreuzfahrten, auf denen ich Vorträge als Gesundheitsberaterin hielt, versuchte ich es dann zuerst einmal mit dem Lachen. Ich lachte mit meinen Zuhörern zunächst nur einige Minuten lang, und siehe da, der Erfolg war enorm. An die Phase des Weinens hingegen, die ja auch zur *Mystic-Rose*-Therapie gehört, traute ich mich noch nicht heran. Zum Weinen braucht es eine längere Anlaufzeit, einen geschützten Raum und eine unter den Gruppenmitgliedern bereits gewachsene gewisse Vertrautheit.

Lachen ist meistens einfacher als weinen

Wie wohl das Lachen allen tat! Und ich dachte ganz unschuldig: Mache ich doch ein klitzekleines Büchlein über die Wohltaten des Lachens, damit möglichst viele andere Menschen auch in diesen Genuss kommen – über das Weinen reden wir dann später. Und euphorisch machte ich mich ans Werk.

Dann aber überflutete eine regelrechte Lachwelle die Welt, schwappte von Indien zunächst nach Amerika über und dann auch nach Europa. Inzwischen berichten durchaus seriöse Zeitschriften über die Gelotologie, wie die Wissenschaft vom Lachen in der Fachsprache heißt. Jährlich finden ein Humorkongress und ein Weltlachtag statt. In der ganzen Welt bilden sich Lachclubs, in so rasantem Tempo, wie die berühmten Pilze beim richtigen Wetter aus dem Boden schießen.

Ein Humorkongress und ein Weltlachtag jährlich

Nach einem Jahrhundert des Widerstands und der Proteste ist die Zeit offenbar reif für ein weltweites Gelächter.

Der Dichter Friedrich Dürrenmatt hat geäußert, dass man dem Wahnsinn dieser Welt sowieso nur mit der Komödie zu Leibe rücken kann.

Vorwort

Ich glaube nicht, dass ein lachender Mensch auf einen anderen lachenden Menschen schießen kann. Wer weiß, vielleicht wird das große Gelächter sogar zu der völkerverbindenden Friedenstaube. Dazu möchte ich gern meinen bescheidenen praktischen Beitrag leisten.

Womöglich ist Ihnen im Laufe des Lebens das Lachen vergangen, was kein Wunder wäre. Dennoch kein Grund, es nicht wieder zu lernen. »It is never too late to have a happy childhood«, sagen die Engländer, es ist nie zu spät, eine glückliche Kindheit zu haben.
Geübte können sehr gut allein lachen und auch ohne Grund. Anfänger tun sich leichter in Gesellschaft und mit einem Witz als Einstiegshilfe. Für sie steht meine Witzkiste am Schluss des Buches bereit, aus der sie sich nach Herzenslust bedienen können. Als weitere Lach-Hilfe ist die beigefügte CD gedacht, auf der ich mit Freunden lache.
Probieren Sie es doch einfach mal, lachen Sie mit!

Für schwierige Fälle empfehle ich meine Witzkiste und die Lach-CD

Es ist nie zu spät für eine glückliche Kindheit ...
Ihnen ist das Lachen vergangen?
Dann lernen Sie es doch wieder!
Gleich heute, hier und jetzt!

Wie ich mich durchs Leben lache (und weine)

Offensichtlich bin ich mit einem besonders ansteckenden Lachen gesegnet. Beim Einkaufen zum Beispiel höre ich oft »Ich habe Sie gleich an Ihrem Lachen erkannt«.
Vor kurzem erhielt ich einen Brief aus der ehemaligen DDR:
»Liebe Barbara Rütting, hatten Sie als Mädchen zwei lockige braune Zöpfe, gingen in Luckenwalde zur Schule und hießen Waltraut? Dann sind Sie meine Jugendliebe. Dann saß ich nämlich in der Schulbank hinter Ihnen und habe Sie so gern an den Zöpfen gezogen, damit Sie sich zu mir umdrehten, weil ich verliebt war in Ihr einmaliges ansteckendes Lachen!«
Ich schrieb zurück: »Ja, ich bin's, ich bin diese Waltraut!«
Unser geliebter Vater war leider ein Nazi und hat uns sechs Kindern lauter germanische Namen verpasst: Waltraut, Hartmut, Reinhard, Volkmar, Reimute und Sigmar. Für meine Schauspielkarriere habe ich mich von der Waltraut befreit und mir den Namen Barbara ausgesucht.
Das ansteckende Lachen scheint mir trotz eines schwierigen Lebens, in dem es oft gar nichts zu lachen gab, nicht vergangen zu sein. Denn der Schreiber des Briefes hatte mich in einer Filmrolle an diesem Lachen wiedererkannt – nach fast 50 Jahren!
Ich lache gern und ich weine auch gern. Ich bin ein Mensch mit heftigen Emotionen, die ich nicht nur zu-

Das Lachen ist mir trotz eines schwierigen Lebens nicht vergangen

Wie ich mich durch Leben lache (und weine)

lasse, sondern auch genieße, immer unbekümmerter, je älter ich werde.

Oft stelle ich fest, dass ich über ganz andere Dinge lache als die meisten Menschen – und wiederum nicht über das, was diese so amüsiert.

Tiere lachen auch

Das veranlasste mich, zu hinterfragen, warum der Mensch überhaupt lacht. Aber auch Tiere lachen, meine Hunde, meine Pferde habe ich lachen sehen, vielleicht lacht ja auch das Krokodil.

In diesem Büchlein möchte ich Ihnen meine Erfahrungen mit dem Lachen zum Besten geben und Sie animieren, mitzulachen. Am meisten in die Tiefe geht das

Lachen die beiden oder fauchen sie bloß?

Wie ich mich durch Leben lache (und weine)

Lachen ohne Grund. Allerdings haben viele Menschen damit ein Problem. Der Verstand sagt: Über einen Witz kann ich vielleicht lachen, aber einfach so? Wie soll das denn gehen?

Diese Zeitgenossen versperren sich dann häufig gegen das Lachen, verweigern sich »diesem Blödsinn« – werden sogar wütend. Das ging mir anfangs auch so. Schalten Sie einfach den Verstand aus, seien Sie albern, riskieren Sie, lächerlich zu sein!

Riskieren Sie, lächerlich zu sein

In der Park-Klinik Julius Hackethal habe ich mit Patienten und PflegerInnen derartig gelacht, grundlos gelacht, dass ich mich auf dem Boden kugelte. Es gibt einen Punkt, da ist der ganze Mensch nur noch ein einziges Lachen.

Die Dualität ist aufgehoben, die Trennung zwischen Mensch und Welt.

Ich und der Kosmos sind eins.

Wunderbar tröstlich ...

> *Schalten Sie den Verstand aus*
> *(falls er sie am Lachen hindert).*
> *Seien Sie albern, riskieren Sie, lächerlich zu wirken.*
> *Es gibt nichts zu verlieren, nur zu gewinnen!*

Die Wissenschaft vom Lachen – die Gelotologie

In meinem alten Brockhaus aus dem Jahr 1954 suche ich die Gelotologie, die Wissenschaft vom Lachen, vergeblich.
Wen wundert's – denn erst in den Sechzigerjahren begann der Neurologe William Fry von der Stanford University, die Wirkungen des Lachens wissenschaftlich zu erforschen. Er gilt als der Begründer der Gelotologie. Inzwischen gibt es so viele Arbeiten zum Thema, dass sie ganze Bände füllen. Ich will mich deshalb hier auf die meiner Meinung nach wichtigsten Informationen beschränken und überwiegend über meine persönlichen Erfahrungen mit dem Lachen und die meiner Freunde berichten.

Die Wissenschaft vom Lachen ist eine junge Wissenschaft

Warum der Mensch lacht, hat die Menschheit seit jeher interessiert.
Im Brockhaus steht unter dem Stichwort »Lachen«:
»Lachen (germ.), eine Ausdrucksbewegung, die aus kurzen, im Kehlkopf und Ansatzrohr des Stimmapparates (Rachen und Mundhöhle) starken Schall erzeugenden Luftstößen (Ausatmung) besteht und von bestimmten mimischen Ausdrucksformen (Bewegungen der Gesichtsmuskulatur) begleitet ist. Der Grad des Lachens kann sich vom Lächeln bis zum Lachkrampf steigern.
Das Lachen wird entweder reflektorisch durch äußere Reize, z.B. Kitzel, oder – häufiger – durch meist lustbetonte Gemütsbewegungen und Affekte ... von der Großhirnrinde über den Hirnstamm (Thalamus) aus-

Die Wissenschaft vom Lachen

gelöst, die eine starke innere Spannung erzeugen und zu befreiender Entladung drängen.

Lächeln, Lachen und (bei kleinen Kindern) Jauchzen sind Stufen derselben menschlichen Instinkthandlung. Die Tatsache, dass schon Neugeborene, sogar Frühgeburten, lächeln, beweist das Angeborene dieser Artgebärde sozialer Begrüßung. Durch Kitzeln kann man auch Schimpansen zum Lächeln und Lachen bringen. Mit der Entdeckung des Verstandes, der Sprache und des Humors gewinnt das Lächeln wie auch das Lachen unübersehbar viele, höchst verschiedenartige Ausdrucksmöglichkeiten. Je nach Anlass des Lachens und der persönlichen Art des Lachenden unterscheidet man Lachen aus Naivität, Wohlwollen, Koketterie, Verlegenheit, Überlegenheit, Ironie, Hohn, Verzweiflung. Das Lachen steigert das Lebensgefühl, führt zu erlösender Entspannung und Abreaktion, und durch die ansteckende Wirkung verbindet es die Menschen miteinander.

Schon Neugeborene lächeln

Die Ästhetik behandelt das Lachen als Reaktion auf bestimmte Grundgestalten des Komischen, vorab des Witzes.

BERGSON deutet das Lachen (Verlachen) als Korrektiv leichter gesellschaftlicher Verstöße.«

Soweit mein alter Brockhaus über das Lachen.

Also, zum Lachen ist das nicht unbedingt, so theoretisch klingt das Ganze.

Neugierig geworden schaue ich nun unter dem Stichwort »komisch« nach:

»Komisch (aus griechisch ›komos, Festzug‹) kann sowohl erheiternd als auch sonderbar bedeuten. Das Komische ist aber oft gemischt aus beidem; seine Wirkung lässt Großes und Erhabenes in Kleines und Lächerliches (oder umgekehrt), Ernst in Unernst umschlagen. Es kann eine vorausgegangene Spannung in befreiendem Lachen oder in Lächeln auflösen. Je nach Größe der Span-

Die Wissenschaft vom Lachen

nung und Art der mitwirkenden Komponenten unterscheidet man derbe und feine Komik.
Situationskomik entsteht, wenn ernst gemeinte Handlungen durch unbewusstes Verhalten der Beteiligten oder durch Hinzukommen eines nicht vorgesehenen Vorfalls oder Gegenstandes lächerlich werden. Als Gegenpol des Komischen setzt man häufig das Tragische; beide können sich zum Tragikomischen verbinden. Während das Komische im Wesentlichen vom Intellekt aufgefasst wird, ist der Humor vom Gemüt her bestimmt usw. usw. usw.«

Humor ist vom Gemüt bestimmt

Nun reizt es mich, noch unter dem Wort »Komödiant« nachzusehen. Und da steht: »Bis zur Mitte des 18. Jahrhunderts ein Schauspieler; übertragen jemand, der eine Rolle spielt, die ihm nicht zukommt«.
Aua! Zum Thema Lachen lässt sich da allerdings nicht viel herausholen. Und wie steht's mit der Komödie? Sie wird bezeichnet als »...schwärmerisch ausgelassener Umzug nach Weingelage«.
Hört sich schon besser an.
Im christlichen Mittelalter waren keine ausgelassenen Umzüge nach Weingelage mehr angesagt, und so fehlte zu dieser Zeit auch die Komödie.
Warum aber und wann setzt bei wem das Lachen ein, die »Ausdrucksbewegung, die aus kurzen, im Kehlkopf und Ansatzrohr des Stimmapparates starken Schall erzeugenden Luftstößen besteht und von bestimmten mimischen Bewegungen der Gesichtsmuskulatur begleitet ist«, warum und wann setzt bei wem dieses Phänomen ein?
Mir fällt spontan ein, wie der elegante Curd Jürgens bei irgendeinem Ball, angegafft von der Menschenmenge, gewohnt lässig eine riesige Treppe herunter geschritten kam und am Schluss über den Teppich stolperte. Die »ernst gemeinte Handlung« – ein Weltmann schreitet

Curd Jürgens sorgt für einen Lacherfolg

17

Die Wissenschaft vom Lachen

elegant die Treppe herunter – wurde durch »das Hinzukommen eines nicht vorhergesehenen Vorfalls oder Gegenstandes« (Teppich) lächerlich. Weil Curd Jürgens aber die Überlegenheit besaß, selbst darüber zu lachen, war das befreite Lachen der Umstehenden ohne jede Schadenfreude.

Überlegen ist, wer über sich selbst lachen kann

Von diesem Zeitpunkt an begann mich die Frage zu interessieren: Wer lacht warum?

Um über sich selbst lachen zu können, braucht man Selbstironie. Und die kann man trainieren!

Renaissance des Lachens

Das Lachen als Lebensbewältigungshilfe hat eine uralte Tradition, erlebt heute aber geradezu eine Renaissance. Nachdem ein Dr. Madan Kataria in den Straßen Bombays ganze Menschenmassen zum Lachen bringt, haben sich nach seinen Anweisungen inzwischen weltweit mehr als 300.000 Menschen in Lachclubs zusammengeschlossen.

Das Lachen hat eine uralte Tradition

Dr. Madan Kataria favorisiert das bereits erwähnte Lachen ohne Grund, verwendet aber auch einige Hilfsmittel, um ins grundlose Lachen hineinzukommen. So die Ho-Ho-Ha-Ha-Übung zu Beginn. Diese Silben werden so lange wiederholt, bis sich ein Kichern einstellt, das dann allmählich in ein lautes Lachen übergeht.

Es folgen das so genannte schwingende Lachen, das herzliche Lachen, das Löwenlachen – nach ca. 15 Minuten sind alle Chakren (im Yoga werden damit die unsichtbaren Energiezentren bezeichnet) durchflutet und gereinigt, ist der Mensch für den Rest des Tages positiv geladen.

Die Lachwelle schwappte von Indien nach Amerika über. Lachtherapeuten und »Clown-Doktoren« arbeiten äußerst erfolgreich nicht nur in Kinderkliniken, auch Erwachsene lernen in Seminaren durch Lachen und Rollenspiele, ihre inneren Heilungskräfte zu mobilisieren. Neuerdings treffen sich Humorforscher sogar jährlich zu Lachkongressen und tauschen ihre Erfahrungen darüber aus, wie man am besten lacht.

Denn dass Lachen die beste Medizin ist, diese alte

Renaissance des Lachens

Dr. Madan Kataria, der Initiator der weltweiten »Lachwelle«

Volksweisheit gilt auch heute noch, auch wenn sie viel zu wenig beherzigt wird. Ende der Siebzigerjahre erregte die Krankheitsgeschichte eines amerikanischen Jour-

Renaissance des Lachens

nalisten Aufsehen. Dieser litt an Morbus Bechterev, einer schweren Knochen- und Gelenkerkrankung. Die Ärzte machten ihm wenig Hoffnung auf Genesung. Aber der junge Mann hatte bemerkt, dass sich seine Schmerzen nach einem kräftigen Lachanfall jeweils besserten. Er machte sich nach dieser Erfahrung seine eigene Therapie zurecht, die aus dem Anschauen von Slapstickkomödien, Comics und Witzen bestand. Er hat sich zwar nicht, wie oft berichtet wird, gesund gelacht, aber seine Schmerzen auf ein erträgliches Maß reduzieren können.

Lachen ist *die* Waffe gegen Depressionen.
Auch und gerade wenn uns überhaupt nicht zum Lachen zumute ist – warum nicht einmal ausprobieren?

> *Lachen ist* die *Waffe gegen Depressionen*

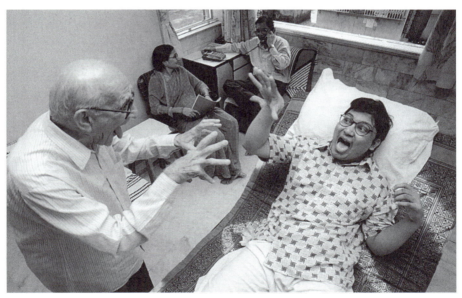

Dr. Katarias bester Helfer, der indische Lachchampion Hinduja, bringt einen durch einen schweren Unfall verletzten und gelähmten jungen Mann und seine Familie wieder zum Lachen.

Rensaissance des Lachens

Lachen – die Medizin ohne schädliche Nebenwirkungen

Lachen aktiviert mehr als achtzig Muskeln, eine Miesepetermiene dagegen weniger als zehn!
Lachen ist wirksam, billig und garantiert ohne schädliche Nebenwirkungen, Sie brauchen nicht einmal Ihren Arzt oder Apotheker zu fragen.

*Schwimmen Sie mit auf der weltweiten Lachwelle.
Lassen Sie sich entspannt auf ihr treiben!
Lachen Sie sich gesund!*

(Informationen zu Dr. Madan Kataria s. Anhang, Seite 159.)

Lachen ist die beste Medizin – wer viel lacht, lebt länger!

Hätten Sie es gewusst?
Ein Baby lacht im Alter von vier Monaten, wenn ihm der Bauch gekitzelt wird. Und bereits der einjährige Winzling findet es komisch, wenn Papi oder Mami an seiner Flasche nuckeln. Da stimmt doch was nicht mit der Mami oder dem Papi, hihihi!

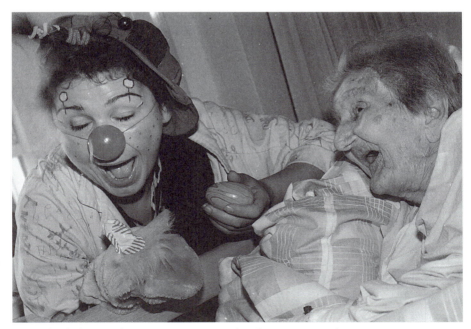

Eine Klinikclownin bringt eine Frau im Altersheim zum Lachen

Lachen ist die beste Medizin

Kinder lachen ungefähr 400 Mal täglich, Erwachsene nur noch ca. 15 Mal, Depressive so gut wie nie!

Beim Erwachsenwerden ist offensichtlich vielen von uns das Lachen vergangen. Aber wie gesagt, es gibt keinen Grund, es nicht wieder zu lernen – Ausreden gelten nicht!

Schauen wir uns die Gründe an, warum wir (viel) lachen sollten:

Dass es »guten« und »schlechten« Stress gibt, ist bekannt. Forscher am medizinischen Zentrum der Loma Linda Universität in Kalifornien haben in Experimenten mit Versuchspersonen herausgefunden, dass Lachen – wen wundert's – den »guten« Stress fördert, dass Lachen ähnliche Prozesse auslöst wie Sport.

Lachen fördert den »guten« Stress

Im Mittelalter vermutete man den Sitz des Gelächters in der Milz, die im englischen übrigens »spleen« heißt.

Lachen steigert die Produktion »guter« Hormone wie glücklich machender Endorphine und Neurotransmitter, verringert die Stresshormone Cortison und Adrenalin, erhöht die Zahl der Antikörper produzierenden Zellen, aktiviert die Viren bekämpfenden T-Zellen und unsere natürlichen Killer-Zellen!

Habe ich Sie überzeugt? Dann lassen Sie uns das Lachen gemeinsam üben.

Sie brauchen nur die Mundwinkel nach oben zu ziehen und schon geht's los! Also: Mundwinkel nach oben gezogen, Zähne gebleckt, ein paar Minuten »Hihihi« oder »Hahaha« gemacht, das kann auch ruhig ganz meschugge und ausgeflippt klingen, je meschuggener, umso besser – und Sie sind ein anderer Mensch. Wetten dass? – Ich habe es wiederholt ausprobiert, gerade wenn ich traurig oder »sauer« war.

Lachen ist die beste Medizin

> Interessanterweise wirkt auch ein »künstliches« Lachen. Auch wenn Ihnen durchaus nicht zum Lachen zumute ist: Ziehen Sie die Mundwinkel nach oben, blecken Sie die Zähne, machen Sie ein paar Minuten »Hihi« »Hoho« – auch dieses künstliche Lachen signalisiert dem Gehirn: Dieser Mensch ist fröhlich, nun schütte mal Glückshormone aus!

Dr. Chaplins Lachtherapie

(während einer Eisenbahnfahrt auf einem aus irgendeiner Zeitung gerissenen Papierfetzen gelesen)

Dass Lachen gesund ist, kichert der Volksmund schon lange. Bei Neurodermitis-Patienten wirkt Gelächter sogar heilend: Ihre Allergie bessert sich, wenn sie Filme von Charlie Chaplin anschauen.
»Lachen unterdrückt Allergien«, behauptet jetzt der Wissenschaftler Hajime Kimata aufgrund seiner aktuellen Lachstudie.

Lachen bessert Allergien

26 Hausstaubmilben-Allergiker durften sich dafür den Chaplin-Klassiker »Moderne Zeiten« ansehen. Vor und nach dem 90-Minuten-Video untersuchte Kimata die Hautreaktion der Patienten mit einem Allergie auslösenden Prick-Test, bei dem die Größe des Ausschlags gemessen wird.
Das Ergebnis dürfte die Kino- und die Klinikgeschichte revolutionieren: Chaplin sehen und genesen – die juckenden Quaddeln waren erheblich kleiner. Die Wirkung der Komödie hielt zwei Stunden an.
Wie weit die Chaplin-Therapie auf andere Krankheiten übertragbar ist, müssen nun neue Studien zeigen. Auch über die Heilkraft von zeitgenössischem Blödsinn (Steve

Lachen ist die beste Medizin

Martin, Jim Carey oder Stefan Raab) ist noch nichts bekannt.
Die Kontrollgruppe wurde Wetternachrichten ausgesetzt.
Ergebnis: Anhaltender Juckreiz.

Auch eine Möglichkeit, sich gesund zu lachen: Charly-Chaplin-Filme sehen und die Krankheit vergessen.

Warum lacht der Mensch – und wer lacht worüber?

Warum lacht der Mensch?
Warum lacht der Mensch, und wer worüber?
Eine nicht enden wollende Diskussion.
Lacht nur der Mensch, oder lachen Tiere auch?
Als Friedrich-Nietzsche-Fan liebe ich fast alles, was der Mann gesagt hat, und in meiner Eigenschaft als Autorin vegetarischer Kochbücher ganz speziell sein Bonmot über die Küche, das ich aber bitte sehr nicht als gegen die Frauen gerichtet verstanden haben möchte – ich zitiere:
»Durch den vollkommenen Mangel an Vernunft in der Küche ist die Entwicklung des Menschen am längsten aufgehalten und am schlimmsten beeinträchtigt worden.«
Recht hat er.
Gar nicht einverstanden bin ich hingegen mit seiner pessimistischen Aussage über das Lachen:
»Nur der Mensch leidet so qualvoll in der Welt, dass er gezwungen war, das Lachen zu erfinden.«
Falsch! Hier irrt der Philosoph. Nicht nur der Mensch lacht (und dieser ja auch nicht immer nur aus Verzweiflung, sondern gelegentlich auch aus Vergnügen) – auch Tiere lachen! Obwohl sie vermutlich weder um ihre Endlichkeit noch um ihren Tod wissen und etwa den allgemeinen Wahnsinn, den die Menschen anrichten und der Typen wie mich zur Verzweiflung bringt, intellektuell kaum begreifen dürften.
Meine Pferde, meine Hunde, meine Katzen lachen! Na, und erst die Affen! Die lachen sogar aus Schadenfreude,

Professor Nietzsche, lacht der Mensch wirklich nur aus Verzweiflung?

Alle meine Tiere lachen

Warum lacht der Mensch?

Hier lacht mein Liebling Lilly

Haben die Philosophen keine Ahnung vom Lachen?

feixen geradezu, wenn ein anderer Affe vom Baum fällt, weil ein Ast abbricht oder ihm die Banane geklaut wird. Immer wieder haben besonders deutsche Philosophen zu ergründen versucht, warum der Mensch lacht. Ihre Schlussfolgerungen klingen meistens so trocken, dass

Warum lacht der Mensch?

die Vermutung nahe liegt, sie selbst hätten das Thema eher akademisch angegangen und überhaupt nicht geahnt, was Lachen geschweige denn ein richtiger Lachkoller ist.

Warum lacht der Mensch?
Der US-Psychologe Robert Provine hat sage und schreibe 1200 Lachsituationen untersucht und festgestellt, dass der Mensch weniger über Witze lacht als über alltägliche Begebenheiten.
Was ich durchaus unterstreichen kann. Mir geht es genauso. Gerade heute musste ich zwar kurz, aber heftig lachen, als ich beim Spaziergang einem sanften älteren Herrn in einem T-Shirt mit der Aufschrift »Wir machen Sie fertig!« begegnete. Er drehte sich um – auf der Rückseite stand: »Sportscheck«.
Eine Zeit lang dachte ich schon, ich sei humorlos, weil ich über vieles nicht lachen kann, worüber andere sich ausschütten, und andererseits Tränen lache, wo diese verständnislos dreinblicken.

Bin ich etwa humorlos?

So bin ich keine Liebhaberin des Karnevals, habe keine Lust, mir eine rote Knollennase ins Gesicht zu pappen oder irgendeinen bescheuerten Hut aufzusetzen und zu schunkeln, kann über Büttenreden nicht lachen – die meisten der dabei durch den Kakao gezogenen Politiker und sonstigen Autoritätspersonen bringen beim Anhören der Seitenhiebe auf ihre (Schand-)taten allerdings auch nur ein gequältes Grinsen zustande.
Einmal bin ich aber selbst Opfer eines Sketches in einem Münchner Kabarett geworden.
Ich saß ahnungslos im Publikum. Der Schauspieler Ernst Stankowski, mit dem ich Jahre zuvor in Berlin auf der Bühne gestanden hatte, spielte faszinierend den Kampf zwischen einem berühmten Regisseur und einer Schauspielerin bei der Rollenfindung vor. Ich wurde zwar

Warum lacht der Mensch?

Mukta lacht in Oshos Ashram

Ich kann auch lachen, wenn man mich auf die Schippe nimmt

stutzig, als er eine ziemlich affige Handhaltung der Schauspielerin auf die Schippe nahm, die mir irgendwie bekannt vorkam, ahnte aber noch nichts Böses, geschweige denn, dass ich es war, die da unter dem Gelächter des Publikums porträtiert wurde.

Aber dann – nanu, die Texte kenne ich doch? – kommt die Szene, wie der Regisseur (Erwin Piscator) die Schauspielerin wochenlang mit irgendeinem Satz quält, bis er endlich zufrieden ist.

30

Warum lacht der Mensch?

Meint ein Bühnenarbeiter im schönsten Berlinerisch: »Aber so hat se det doch schon vor vier Wochen jesacht!«
Darauf Piscator: »Ja, aber unbewusst! Jetzt *weiß* sie, was sie sagt!«

Angeblich wird bei folgenden beiden Witzen allgemein losgeprustet:
Witz Nr. 1: *Warum wird für Gerhard Schröder kein roter Teppich ausgelegt?*
Weil er grüne Läufer hat!
Hä? Das soll witzig sein?
Witz Nr. 2: *Wer ist die berühmteste Blondine ohne Brüste?*
Der Schauspieler di Caprio!
Hä? Wieder nicht lustig gefunden.
Habe ich vielleicht die Pointe nicht kapiert, oder warum verzieht sich bei mir keine Miene?
Für mich traf hier nicht zu, was der Philosoph Immanuel Kant als Voraussetzung dafür nennt, dass man etwas witzig finden kann. Seine Theorie lautet: »Der Witz ist die Auflösung einer gespannten Erwartung in Nichts.«
Von Kant soll auch die Behauptung stammen, lachen sei männlich, weinen hingegen weiblich.
Modern ausgedrückt würde das vielleicht heißen, lachen ist *yang*, und weinen ist *yin*. Dann wäre die Schlussfolgerung aber auch, dass zum ganzen, zum heilen Menschen beides gehört, das männliche wie das weibliche Prinzip, das Lachen wie das Weinen.
Und daran arbeiten wir ja heutzutage alle so fleißig, an der Versöhnung zwischen dem Männlichen und dem Weiblichen in jedem von uns.
Warum wir über bestimmte Dinge lachen oder nicht, wird sicher auch von unserer Erziehung, unseren Erfah-

Zum heilen Menschen gehört das Lachen und das Weinen

Warum lacht der Mensch?

Witz nicht verstanden? Besser gleich zugeben!

rungen und unserer kulturellen Herkunft geprägt. Warum nun aber einer einen Witz irre komisch findet, der andere nur blöd und der dritte geschmacklos, wird wohl ein Rätsel bleiben.

Geben Sie es am besten gleich zu, wenn Sie einen Witz nicht verstanden haben. Tötet zwar die Pointe – ist aber immer noch besser für den Erzähler, als wenn Sie so tun »als ob«.

Humor in der Therapie – Fragen und Antworten

Dr. Michael Titze ist Psychotherapeut, Psychoanalytiker, Seminarleiter und Kongressorganisator im Bereich therapeutischer Humor. Außerdem hat er ein großartiges Buch geschrieben »Die heilende Kraft des Lachens«. Ein *Muss* für alle, die sich für das Lachen als Therapie interessieren.

Hier antwortet er anlässlich eines Humorkongresses auf immer wieder gestellte Fragen.

? Beim Schwitzen transpirieren wir, wenn wir weinen, kommen uns die Tränen – was passiert beim Lachen?

= Vieles! Die Nase legt sich in Falten, die Nasenlöcher weiten sich. Der Kopf wird zurückgeworfen, die Augen werden geschlossen. Der Zygomaticus-Muskel zieht den Mund nach oben und sorgt für einen glücklichen Ausdruck. Der Augenmuskel wird angespannt und aktiviert im Gehirn positive Gefühle. Der »Lachmuskel« spannt 15 Gesichtsmuskeln an, darunter die des Tränensacks, sodass wir »unter Tränen lachen können«. Der Mund weitet sich, weil die Ein- und Ausatmung (stoßweise) vervielfacht wird. Dabei werden die Stimmbänder in Schwingung versetzt, sodass es die typischen stakkatoartigen Lachlaute gibt. Der Brustkorb wird gezerrt (manchmal schmerzhaft). Der Körper

Was geschieht beim Lachen?

Humor in der Therapie

schaukelt hin und her. Das Zwerchfell »hüpft« und massiert die Eingeweide.

? Ist das so etwas wie ein seelischer Jauchzer?

Lachen ist ein Ausdruck von Befreiung

= Unbedingt. Lachen ist Ausdruck von Befreiung und Spannungslösung. Im Lachen steigen wir aus jeglicher Selbstkontrolle aus. Wir überlassen uns ganz der »Weisheit des Körpers« – so wie das auch ein neugeborenes Kind tut. Damit kann die ursprünglichste und reinste Lebensfreude fließen.

? Welcher Reiz ist dafür verantwortlich?

Man lacht über Kontraste

= Diese Frage hat schon Erich Kästner aufgeworfen: »Worüber lacht der Mensch? Er lacht, wenn man ihn kitzelt. Oder er lacht, wenn er andere lachen hört. Aber worüber lacht der Mensch, wenn sein Herz und sein Verstand bei der Sache sind? Das ist rasch gesagt: Er lacht meist über Kontraste. »Kontraste« ergeben sich immer dann, wenn der gewohnte Lauf der Dinge – das, was wir als »normal« auffassen – plötzlich abbricht, wenn etwas Unerwartetes auftritt. Das kann schon der Fall sein, wenn ein Opernsänger einen Schluckauf kriegt oder eine Autoritätsperson auf der berühmten Bananenschale ausrutscht. Dies erscheint allemal lustig, doch ob dabei wirklich herzhaft gelacht werden kann bzw. darf, das hängt auch von der Kontrolle unseres Gewissens ab. Von harmlosen Kontrasten leben übrigens absurde Witze, paradoxe Wortspiele und geistreiche Scherze. Ein Beispiel bringt uns Woody Allen: »Der Nihilismus be-

Humor in der Therapie

hauptet, dass es kein Leben nach dem Tode gibt. Ein deprimierender Gedanke, besonders für einen, der sich nicht rasiert hat!«

? Was bewirkt das Lachen im Körper?

= Die Atmung wird stark angeregt, sodass es zu einem beschleunigten Austausch von verbrauchter und sauerstoffangereicherter Luft kommt. Dadurch werden u.a. die Verbrennungsvorgänge im Körper gefördert. Der Herzschlag wird zunächst beschleunigt, um sich bald deutlich zu verlangsamen, sodass der Blutdruck gesenkt wird. Die Skelettmuskulatur entspannt sich. Insgesamt kommt es zu einer besseren Durchblutung der Muskulatur. Stresshormone werden abgebaut und die Verdauungsdrüsen angeregt. Die »körpereigene Polizei« wird alarmiert. So können Blutinhaltsstoffe deutlich vermehrt werden, die die Immunabwehr sicherstellen. Schließlich kommt es zu einer Ausschüttung von schmerzlindernden »Glückshormonen«, den Endorphinen, die sich sonst nur selten (z.B. nach langem Joggen) im Blut nachweisen lassen.

Beim Lachen werden Glückshormone ausgeschüttet

? Stimmt es, dass Lachen die Immunabwehr stärkt?

= Aufgrund erster kontrollierter Untersuchungen amerikanischer Gelotologen kann angenommen werden, dass Lachen eben jene Blutinhaltsstoffe vermehren hilft, die der Immunabwehr dienen. Dazu gehören die T-Lymphozyten und T-Helferzellen, die bei der Abwehr von Krebs und kardiovaskulären Krankhei-

Lachen stärkt die Immunabwehr

Humor in der Therapie

Lachen bildet Killerzellen

ten von Bedeutung sind. Lachen führt ferner zu einer Vermehrung der natürlichen Killerzellen, die bei der Eliminierung von geschädigten und entarteten Zellen von Bedeutung sind. Außerdem bewirkt Lachen die Zunahme von Immunglobulinen, »Antikörpern«, die den Keimbefall im Bereich der Atmungsorgane hemmen. Auch das viel zitierte Gamma-Interferon ist im Blut von Menschen, die zuvor ausgiebig gelacht haben, vermehrt nachweisbar.

? Verbessert Lachen die Laune oder lache ich, weil ich gute Laune habe?

= Beides ist richtig: Lachen erzeugt gute Laune und aus einer guten Laune heraus kann ich dann wieder herzlicher und intensiver lachen, sodass noch mehr gute Laune entsteht. Wer sich bewusst entscheidet, ausgiebig zu lachen, setzt also einen positiven Kreislauf in Gang. Echtes (herzhaftes) Lachen stellt sich spontan allerdings nur dann ein, wenn man sich von all dem innerlich distanzieren kann, was die natürliche Lebensfreude trübt. Diese ist jedem Menschen wesensmäßig mitgegeben; sie ist Bestandteil unseres inneren Kindseins. Wo sie verschüttet ist, hat der »Ernst des Lebens« – als Ausdruck perfektionistischen Erwachsenenlebens – zu sehr die Oberhand gewonnen. Dies zeigt sich in einem entmutigenden Hang, sich zu viele Gedanken zu machen über die Konsequenzen eigenen Tuns im gesellschaftlichen Zusammenhang. Man wird so zunehmend gehemmter, lustloser und ernster. »Das Lachen vergeht«. Wem es gelingt, sich von dieser perfektionistischen Selbstkontrolle zu befreien, der kommt an seine ursprüngliche Lebensfreude, die sich immer im Lachen äußert, wieder heran.

Lebensfreude ist Bestandteil unseres inneren Kindseins

Humor in der Therapie

 Soll man bewusst lachen?

Unbedingt! Leider sperren sich manche Menschen gegen die vielen Anlässe, die sie zum Lachen bringen können. Wir sollten es umgekehrt machen: systematisch nach komischen Auslösereizen suchen, die den Lachreflex in Gang setzen. Es steht in unserer Macht, dem Alltag viele lustige Seiten abzugewinnen, mit unseren Mitmenschen Scherze und Witze auszutauschen und uns in unserer Freizeit bewusst auf humorige Situationen einzulassen; z.B. uns lustige Filme und Komödien anzusehen Dabei sollten wir uns bewusst um ein lautes und intensives Gelächter bemühen.

Suchen Sie nach Auslösereizen, die das Lachen in Gang setzen

 Wie geht das?

Eine Möglichkeit, um in ein langes und herzhaftes Lachen zu kommen, ist die von Dr. Madan Kataria aus Bombay entwickelte Methode. Sie basiert auf Elementen des Yoga und ist strikt »nonverbal«. In Indien treffen sich inzwischen täglich Zehntausende von Menschen auf öffentlichen Plätzen, um sich in diesem speziellen Lachen zu üben, zu erheitern und gesundheitlich zu stärken. Auch in Deutschland haben sich derartige »Lachclubs« bereits etabliert. Man kann aber auch Tonbänder abhören, auf denen das vielstimmige Gelächter von Menschen aufgenommen ist, die sich mehr als eine halbe Stunde einem derartigen »Reflexlachen« hingeben. Indem man sich einfach »einklinkt« (was nach wenigen Minuten immer gelingt), ist man ein Teil dieser Lachgruppe, egal ob man daheim im Sessel sitzt oder sich in einem Stau auf der Autobahn befindet.

Klinken Sie sich in eine Lachgruppe ein

Humor in der Therapie

? Ist es besser, leise, laut oder gar prustend zu lachen?

Lachen aus dem Bauch heraus ist am besten

= Am besten ist es, auf jegliche gedankliche Kontrolle zu verzichten und sich »ganz gehen zu lassen«. Dadurch ergibt sich jenes »Lachen aus dem Bauch heraus«, das niemals leise oder verhalten ist, sondern – ganz im Gegenteil – einer emotionalen Explosion gleichkommt.

? Ist es besser, allein oder in der Gruppe zu lachen?

Gemeinsam mit anderen lacht es sich einfacher

= Auf jeden Fall in der Gruppe. Lachen ist bekanntlich »ansteckend«. Wenn wir zusammen mit anderen lachen, entsteht eine gemeinschaftliche Heiterkeit, die wir auch von anderen Anlässen her kennen, z.B. Karnevalsveranstaltungen oder Kabarettaufführungen.

? Wenn einem die Tränen kommen, wird es dann zu viel?

Wenn Tränen kommen: auch gut!

= Lachtränen fließen, weil der Lachmuskel auch die Muskulatur einbezieht, die den Tränensack umschließt. Alles, was dann geschieht, ist reine Befreiung: Wir vergießen nur die Tränen, die wir zuvor zurückgehalten haben.

Humor in der Therapie

Eine herzhaft lachende junge Frau – laut Statistik lachen Frauen deutlich häufiger als Männer

Humor in der Therapie

? Und die Kassen lachen sich ins Fäustchen ...
(Wahrscheinlich ist mit dieser Bemerkung gemeint, dass die Kassen nichts mehr zu bezahlen brauchen, wenn wir uns alle gesund gelacht haben – Anmerkung der Autorin)

Bald Lachen auf Krankenschein?

= Lachen »auf Krankenschein« gibt es, zumindest in Europa, bislang nicht. In sehr vielen amerikanischen Krankenhäusern gibt es jedoch fest angestellte »Humorberater«. »Gelächterzimmer« wurden etabliert, und therapeutisch wirksame Humor- und Lachprogramme werden angeboten. Viele Krankenschwestern und (Kinder-)Ärzte haben sich zum »Klinikclown« fortgebildet. Diese erfreuliche Tendenz besteht auch in Deutschland, wo es eine Reihe von Vereinen gibt, die »Klinikclowns«, bzw. »Clowndoktoren« ausbilden. Im Rahmen des jährlich stattfindenden internationalen Kongresses »Humor in der Therapie« wird über diese Entwicklung anschaulich berichtet.

? Wem raten Sie, eine humorbezogene Therapie zu beginnen?

Lachen – die Rettung für Perfektionisten

= Jedem, der zu gewissenhaft ist, der zu Perfektionismus und Selbstkontrolle neigt. Das sind Menschen, die in der ständigen Angst leben, etwas falsch zu machen, unangenehm aufzufallen und sich dadurch lächerlich zu machen. Diese Menschen »denken doppelt«: Sie fragen sich ständig: »Was denken die anderen über mich, wenn ich nicht alles richtig mache«? Diese Menschen müssen einen »Mut zur Unvollkommenheit« (der bereichsweise dem »Mut zur Lächerlichkeit« entspricht) entwickeln, der nur dann entsteht, wenn sie sich weniger Gedanken über ihr Tun machen, wenn sie sich

40

Humor in der Therapie

spontan und bedenkenlos auf das einlassen, was Spaß macht. Die Fähigkeit, über sich selbst lachen zu können, ist dabei eine Grundvoraussetzung für diesen heilsamen Einstellungswandel.

? Worüber lacht man in anderen Kulturen?

= Auch hier sind es grundsätzlich Kontrasterlebnisse, die zum Lachen anregen. Allerdings bestimmen die jeweils gültigen kulturellen Gewissensbarrieren, wie viel Schadenfreude dabei einfließen darf. In der Antike empfand man das herzlose Verhöhnen behinderter Menschen als belustigend. Im heutigen China werfen Zoobesucher Krokodilen kleine Küken zum Fraß vor – und amüsieren sich dabei köstlich. Dies wäre bei uns undenkbar, obwohl auch wir über Normverletzungen lachen. Allerdings beziehen sich diese in der Regel auf weniger grausame Inhalte. Zum Beispiel lacht der deutsche Fernsehzuschauer am liebsten über Zoten, wie Harald Schmidt kürzlich feststellte. Das liegt auf der Ebene eines Humors, den schon Kinder besonders lieben – wenn man den Aussagen des Psychoanalytikers Ernest Borneman Glauben schenken will, der Hunderte von entsprechenden Beispielen analysiert hat. Borneman hat ermittelt, dass Kinder alles lustig finden, was »unter die Gürtellinie geht«. Bis zu einem Alter von ungefähr sieben Jahren bezieht sich diese Thematik auf die Produkte der Ausscheidungsorgane, danach auf diese selbst. Neben diesen Tabuverletzungen wird der lustvolle Umgang mit Aggressivität als Quelle einer Belustigung empfunden, die grundsätzlich auch in die Witze Erwachsener einfließt.

In China lacht man anders als in Deutschland

41

Humor in der Therapie

> Neigen Sie zu Perfektionismus und ständiger Selbstkontrolle?
> Dann ist die Lachtherapie genau das Richtige für Sie!
> Entwickeln Sie Mut zur Unvollkommenheit!

(Informationen zu Dr. Titze s. Anhang, Seite 160.)

Eine therapeutische Clownin berichtet

Erika Kunz heißt die therapeutische Clownin, Mutter von drei Kindern, von der hier die Rede ist. Sie arbeitet mit dem Psychotherapeuten Dr. Michael Titze zusammen und hat einen sehr anrührenden Bericht darüber geschrieben, wie es dazu kam, dass sie Clownin wurde und wie ihre Arbeit aussieht.

Mein Weg zum Lachen als Therapie

»1981 wurde ich nach Israel eingeladen. Die Reise war von Anfang an abenteuerlich. Im heiligen Land, auf den Spuren Gottes, wollte ich so viel wie möglich über den Glauben, über die wesentlichsten und tiefsten Dinge erfahren. Ich glaubte, dass diese Reise eine einzige Fügung für mich war! Von meinen Begleitern sonderte ich mich zunehmend ab, weil ich ein Bedürfnis nach Kontemplation verspürte. Wir reisten viel umher, doch nach sieben Tagen geschah etwas Wundervolles. Wir hatten den Abendmahlsaal in Jerusalem betreten und ich stand wie angewurzelt da, als ob ich auf jemanden warten würde. Es verging eine geraume Zeit und plötzlich, wie vom Blitz getroffen, war ich von einer Glückseligkeit erfüllt, wie ich es noch nie erlebt hatte. Ich kann kaum beschreiben, was geschehen war, es ging alles so schnell und heftig, dass ich fast meinen Halt verlor. Ich konnte nicht mehr aufrecht stehen und so musste ich sofort ins

Eine Israelreise war die göttliche Fügung, die das Leben von Erika Kunz veränderte

Eine therapeutische Clownin berichtet

Hotel zurückgebracht werden und mich hinlegen. Ich hatte sehr hohes Fieber bekommen, sodass ich die letzten sechs Tage meiner Reise nicht mehr aufstehen und nichts mehr essen konnte. Mein ganzer Körper schmerzte, aber mein Geist war über und über erfüllt von einem unbeschreiblichen Glücksgefühl.

Am Tage unserer Abreise konnte ich wie durch ein Wunder wieder aufstehen. Ich hatte keine Schmerzen mehr und das Fieber war verschwunden. Das war der Anlass, über Freude und Glückseligkeit nachzudenken. Fragen über Fragen kamen über mich, die ich nach und nach im Laufe der folgenden Jahre beantwortet bekam.

Ende 1992 musste ich meine Arbeit als Musikpädagogin in München beenden, da ich aus familiären Gründen in die Gegend von Lörrach zog. Ich spürte jetzt deutlich, dass ich eine neue Aufgabe zu erfüllen hatte.

Mit kleinen Humorkursen andere Menschen glücklich machen

Der Gedanke keimte auf, kleine Humorkurse anzubieten, um den Menschen in meiner Umgebung jene Freude zu vermitteln, die ich selbst verspürte. Es gingen zunächst Monate ins Land. Anfang 1994 stand ich am Spülbecken. Im Radio kam ein Bericht über die heilende Kraft des Lachens. Ich traute meinen Ohren nicht! Ich wusste wirklich nicht, wie mir in diesem Augenblick geschah. Das war haargenau mein Thema! Am nächsten Tag rief ich bei Herrn Dr. Titze an, der im Rundfunk über das heilsame Lachen gesprochen hatte. Ich sagte ihm, dass ich seinen Vortrag unbedingt haben wollte. Unser Gespräch war von Anfang an sehr lustig, trotzdem wollte er zuerst meinen Lebenslauf haben, dann würde er mir den Vortrag schicken.

Gesagt, getan. Seit dieser Zeit arbeiten wir eng zusammen. Mein Rüstzeug als Musikpädagogin, Schauspielerin, Clownin und Zauberkünstlerin hatte ich mir in den Jahren zuvor erarbeitet.

Nach unserem ersten Workshop in Stuttgart fiel nicht

Eine therapeutische Clownin berichtet

Die therapeutische Clownin Erika Kunz

nur den Teilnehmern auf, wie gut wir miteinander harmonierten. Beim Feedback fragten sie, wie lange wir schon zusammen arbeiten würden, wir wären so gut aufeinander abgestimmt. Seit dieser Zeit war uns klar, dass wir aus »einem Guss« waren. Wenn das keine göttliche Fügung war!

Eine therapeutische Clownin berichtet

Bis heute sind wir im In- und Ausland engagiert. Unzählige Vorträge und Seminare haben wir hinter uns gebracht.

Der therapeutische Humor ist ein neues Verfahren, das auf einem ganzheitlichen Ansatz basiert. Der Unterkiefer spielt dabei eine wesentliche Rolle. Er funktioniert wie eine »Schaltzentrale« für das Wohlergehen von Körper und Psyche. Das heißt, es besteht eine kausale Beziehung zwischen den Mundwinkeln und der psychosomatischen Befindlichkeit. Durch entsprechende Übungen werden störende negative Verhaltensmuster über eine bestimmte Stellung der Mundwinkel zum Verschwinden gebracht und die Verspannungen im gesamten Körper abgebaut. Das herzhafte Lachen ist erlösend, denn Humor (lat. = Flüssigkeit) bringt die »Lebenssäfte« in Schwung!

Humor (lat. = Flüssigkeit) bringt die »Lebenssäfte« in Schwung

Durch eine allzu ernste Lebenseinstellung kommt der Humor freilich häufig zu kurz. Wäre es nicht besser, lachen zu lernen, bevor uns die Galle übergeht oder die Spucke wegbleibt? Und wie ist es mit Kopfschmerzen? Deshalb ist Lachen ein wirkungsvolles Mittel gegen viele psychosomatische Krankheiten.

In vielen Übungen und Spielen zeigen wir auf, wie wir therapeutischen Humor im beruflichen und privaten Leben einsetzen können – und dadurch Ängste verlieren, Beschämungen auflösen und Neurosen an den Nagel hängen können, um wieder an die eigene Kompetenz und verschüttete Lebensfreude zu gelangen. Regelmäßig besuche ich das Elisabethenkrankenhaus in Lörrach, um in der gynäkologischen Abteilung, in der vorwiegend Krebspatienten stationiert sind, jenen Heilungsprozess zu fördern, der die Lebensfreude weckt, Ängste aufzufangen hilft, das Immunsystem stärkt und zur psychophysiologischen Stabilisierung beiträgt. Denn Lachen ersetzt viele Heilmittel. Es setzt eine wahre

Lachen fördert den Heilungsprozess

Eine therapeutische Clownin berichtet

»chemische Fabrik« in Gang, die gefährliche Stressgifte abbauen kann.
Allein mein humorvolles Erscheinen bringt viele Kranke zum Lachen. In allen Therapien ist es mir äußerst wichtig, dass sich der Patient verstanden und ernst genommen fühlt, gleichgültig ob ich zaubere, Geschichten erzähle oder nur zuhöre.«

Lachen hilft auch Krebspatienten

Ich finde es spannend und ergreifend, wie hier jemand – es hört sich wirklich wie ein Wunder an! – auf das Thema Humor und Lachen geradezu gestoßen wurde und daraus eine Lebensaufgabe gemacht hat. Hören wir uns an, wie eine Humortherapie konkret aussehen könnte und wem sie helfen kann.

1. Fallbeispiel:
»Im heilpädagogischen Untersuchungsbericht stand für Simone, 5,1 Jahre alt, zunächst: Mutistische Verhaltensstörung, Grenzwertige Mikrocephalie, allgemeine Entwicklungsstörung. Nach dieser Diagnose ging sie regelmäßig zwei Jahre im sozialpädiatrischen Zentrum in Therapie. Die Eltern wurden auch in Therapie geschickt. In diesen zwei Jahren gab es keinen Heilerfolg.
Zur Vorgeschichte: Im Alter von nicht ganz drei Jahren äußerte Simone ganz plötzlich: »Ich will nicht mehr mit Oma im roten Auto fahren.« Diesen Satz sagte sie zur Oma persönlich. Danach hörte sie auf, mit Oma und Opa mütterlicherseits zu sprechen. Es setzte ein totales Schweigen ein. Sie war auch im Kindergarten unbeteiligt. Simone wollte manchmal mitsingen, bewegte allerdings nur ihre Lippen und hörte auf, wenn man sie ansah. Sie ging dort nie auf die Toilette und befriedigte sich an Tischecken oder Stühlen heimlich. Später tat sie dies öffentlich, bis sie hochrot und schwitzend war. Häufig verhielt sie sich aggressiv. Sie suchte nur noch Kontakt

Lachtherapie für ein verhaltensgestörtes Mädchen

Eine therapeutische Clownin berichtet

zur Mutter. Dem Vater verweigerte sie den Körperkontakt. Es war ihr peinlich, sich auszuziehen. Sie ließ sich von keinem zu Hause waschen. Wenn die Eltern mal wissen wollten, was los war, fing sie an zu schreien. Sie konnte dann auch nur noch mit der Mutter flüstern. Sie konnte nicht einmal mehr richtig weinen. In der Schule war sie unbeteiligt. Simone war weiterhin aggressiv, riss sich an den Haaren, kniff sich in die Backen oder Beine, schlug auch auf Mama und Papa, Schwestern ein. Sonst war ihr Blick immer auf den Boden gerichtet. Die Eltern waren verzweifelt, doch sie hörten zufällig von meinem Vortrag über therapeutischen Humor und kamen mit ihrer Tochter in meine Praxis. Sie wussten keinen Rat mehr. Ich versprach nichts. Ich sagte nur, wenn sich nach der dritten Therapiestunde kein Erfolg einstellen würde, wäre ich der falsche Therapeut.

Ich ging mit ihr in meinen Therapieraum. Ich fing an, mit meinen Stofftieren und Puppen komische Geschichten zu erzählen. Da waren Tücher fliegende Kohlrabi, Polizisten, Kochtöpfe usw. Alles verdrehte ich und zog es ins Komische. Bereits in der 3. Stunde stellte ich aufgrund einer körperlichen Reaktion fest, dass ein Missbrauch vorliegen musste. Bis zu ihrem 3. Lebensjahr hatte sich Simone nämlich auch ganz normal entwickelt. Erst nach einem Besuch bei Oma und Opa gab es den seelischen Einbruch. Als ich aus dem Koffer, der neben ihr lag, noch mehr Kuhglocken holen wollte, fuhr sie zusammen und fing an zu zittern. Jedes seelisch gesunde Kind hätte eine andere Reaktion gezeigt. Sie aber gab mir durch ihr Zittern und ihren entsprechenden Gesichtsausdruck ihre große Angst zu erkennen: Komm mir bitte nicht zu nahe! Ich bin verletzt worden. (Später stellte sich tatsächlich heraus, dass Simone von ihrem Großvater mütterlicherseits missbraucht worden war!)

Erfolg schon nach der 3. Therapiestunde

48

Eine therapeutische Clownin berichtet

Aber schon nach dieser 3. Stunde fing sie lauthals zu lachen an, was ein großer Erfolg war. Schweizer Kuhglocken waren zu stinkenden Kartoffeln geworden, die wir uns zuspielten. Durch mein »Albern« holte ich sie bei jeder Therapiestunde da ab, wo sie gerade stand.
Ich arbeitete fest mit den Eltern zusammen. Bald spielte sie alles mit mir. Sie ließ sich sogar schminken und malte mich auch an. Wir tanzten und spielten Theater nach einer sehr komischen Musik. Mein Ziel war, sie stark zu machen und ihre seelische Verletzung so gut es ging zu heilen. Nach jeder Therapiestunde hat sich ein kleiner Fortschritt eingestellt.

Nach jeder Therapiestunde ein kleiner Fortschritt

Seit Beginn dieser Therapie ist Simone ausgeglichener und fröhlicher geworden. Sie hat langsam ihr Selbstvertrauen wiedergefunden. Später konnte sie mit Oma und Opa väterlicherseits alleine weggehen, mit Klassenkameraden spielen, fing an, lautstark mitzusingen. Jetzt geht sie allein an die Tafel, schaut ihren Mitmenschen direkt in die Augen, kann wieder Körperkontakt zulassen, ist ausgelassen und zieht sich mit den anderen um, geht zur Toilette, isst und trinkt. Sie geht auf andere zu, macht ohne Probleme ihre Hausaufgaben. Ihre Augen leuchten, sie ist glücklich und ausgeglichen, liebevoll und zärtlich, hört aufmerksam zu, beteiligt sich an Gesprächen. Außerdem lacht sie gerne und sehr viel.

Simone ist heute ein glückliches und ausgeglichenes Kind

Es gäbe noch viele Fallbeispiele. Auch von Erwachsenen wäre zu berichten, wie therapeutischer Humor eine heilsame Wandlung ermöglicht und Menschen angstfrei, schmerzfrei und selbstsicher werden lässt. Es ist gut zu weinen, aber nicht immer. Wir brauchen den Humor und die Liebe zu den Menschen zur seelischen und körperlichen Gesunderhaltung, um Kraft zum Schaffen zu haben, um den Ballast von Schuldgefühlen loszuwerden, um uns nicht immer selbst im Wege zu stehen, um uns nicht immer klein fühlen zu müssen, nicht vor

Eine therapeutische Clownin berichtet

uns selbst davonzulaufen, um nicht machtlos ausgeliefert zu sein – mit mehr Mut zum Lachen und zum Leben!«

Der zweite Fall macht mich, die Autorin dieses Lachbuches, ganz direkt glücklich.
Alessas (Name geändert) Eltern hatten sich vor Monaten an mich gewandt, da sie gehört hatten, dass ich mit Lachen experimentiere. Ihre Hoffnung war, dass eine Lachtherapie ihrer an Asthma erkrankten Tochter helfen würde.
Ich vermittelte Alessa und ihre Eltern an Erika Kunz – und nun hören Sie, was sich mit Hilfe des Lachens in so kurzer Zeit bei diesem Mädchen getan hat.

2. Fallbeispiel:
»Alessa, zehn Jahre alt, leidet an Asthma in allen drei Formen: Anstrengungsasthma, Affektasthma und Allergieasthma. Vor einem Jahr war ihr größter Anfall bei einer Stadtrallye. Sie kann nur noch zu 50% Sport treiben. Bei etwas größerer Anstrengung beginnen ihre Anfälle. Das Schlimmste aber ist, dass sie nicht mehr lachen darf, weil sie sonst einem Anfall nicht entgehen kann. Deshalb schaut sie z.B. in der Schule häufig zur Wand, um sich das Lachen zu verkneifen. Die Eltern suchten vergebens nach einer Therapie für ihre Tochter, dass sie wieder aus vollem Herzen lachen kann. Kein Arzt konnte ihr helfen. Nebenbei hatte Alessa beim Atmen ständig laute Atemgeräusche. Ausgelöst hatte die Krankheit der Keuchhusten, den sie im 4. Lebensjahr bekam. Nach einer Lungenentzündung, bei der sie sechs Wochen mit Antibiotika behandelt wurde, wurden später ihre Nebenhöhlen ausgespült und das Innere ihres Nasenflügels operativ vergrößert, damit sie mehr Luft bekäme. Naturheilsäfte und Bioresonanz haben ihren Zustand wesent-

Lachtherapie auch bei Asthma

Eine therapeutische Clownin berichtet

lich verbessert. Sie konnte trotz allem immer noch nicht lachen und ihren kindlichen Bewegungsdrang richtig entfalten. Die Eltern kamen mit ihrer Tochter über ein Wochenende, da sie fünf Autostunden von mir entfernt wohnten. Wir arbeiteten in Etappen. Als Erstes lehrte ich sie die Bauchatmung. Ich erzählte ihr, dass Raubtiere kein Asthma bekommen, weil sie stets richtig atmen. Ein Leopard wurde ihr Vorbild. So tastete ich mich langsam an das Problem heran. Ich ging immer behutsam an ihre Grenze, um einen Anfall zu vermeiden. Als ihr Atem immer besser wurde, folgten lustige Spiele. Nach fünf Stunden hatte ich sie so weit. Die Spiele wurden immer wilder. Alles, was wir »anstellten«, musste mit der richtigen Atmung geschehen. Die Vorstellung eines Leoparden, wie dieser sich bewegt und atmet, half ihr sehr. Wir tobten immer wilder mit und ohne Musik. Dabei konnte sie wieder aus Herzenslust lachen und die Anstrengung machte ihr gar nichts mehr aus. Wir lachten sogar einmal 20 Minuten am Stück mit einer Minute Unterbrechung. Wir brauchten das ganze Wochenende keine medizinischen Hilfsmittel. Ich zeigte ihr noch Übungen, wie Einrad fahren und Bauchtanzen, die das Lachen fördern. Sie lernte, gut zu erzählen, ohne viel Luft zu benötigen. Die Atmung wurde reguliert, ihre Psyche stabilisiert. Ihr Atemgeräusch hörte man kaum noch. Als Alessa wieder zu Hause ankam, forderte sie buchstäblich das Lachen mit ihren Freundinnen heraus. Auch auf den lustigen Hüpfburgen konnte sie wieder springen. Sie hatte nach den vielen Jahren ›Enthaltsamkeit‹ einiges an kindlicher Lebensfreude nachzuholen. Sie wurde zu einem lebenslustigen fröhlichen Kind, das so lachen und toben kann wie alle anderen Kinder auch.«

Alessa kann wieder lachen und hat zu kindlicher Lebensfreude zurückgefunden

Eine therapeutische Clownin berichtet

Erika Kunz fügt noch ein PS bei:
»Liebe Barbara Rütting, Alessas Mutter wünscht sich Ihr Lachbuch. Sie möchte es dem behandelnden Arzt zu lesen geben. Sie ist glücklich!«

> *Du kannst dich den ganzen Tag lang ärgern. Verpflichtet bist du aber nicht dazu.*
> *Mach doch das Gegenteil: Freue dich über alles, worüber du dich nur freuen kannst!*

(Adresse von Erika Kunz s. Anhang, Seite 159.)

Ein Klinikclown und seine Ketchupspritze

»Lache Bajazzo«, heißt es – aber Bajazzo lacht nie. Ein Clown lacht nie. Der dumme August lacht nie. Lachen sollen die Zuschauer.
Und das tun sie, vor allem die Kinder.
Deshalb hat sich der amerikanische Arzt Patch Adams den Clowndoktor ausgedacht. Er hatte festgestellt, dass seine Patienten schneller gesund wurden, wenn er sie häufig zum Lachen brachte. Vor allem die Kinder wurden besser mit ihrer Krankheit fertig, wenn Patch Adams im Clownskostüm mit Knollennase in ihrem Zimmer herumturnte.
Hunderte von Clowndoktoren besuchen seither als Heiler Kinderkliniken, Krankenhäuser und Altenheime. Es werden erstaunliche Heilerfolge berichtet.
Ich habe mit dem Clown Dr. Jojo die Orthopädische Klinik für Kinder und Jugendliche in Aschau im Chiemgau besucht. Nina Musial, Heilpädagogin im Sozialdienst, hatte es ermöglicht, dass sogar eine Fotografin mitkommen durfte. Die Eltern der Kinder hatten vorher ihr Einverständnis erklärt. Träger der Klinik ist die katholische Jugendfürsorge. Alle Kinder dort sind orthopädisch erkrankt, viele seit ihrer Geburt. Einen Schwerpunkt bildet die Behandlung von Spastikern. Die Mütter von Kindern unter vier Jahren werden in die Klinik mit aufgenommen, wenn ihre Kleinen behandelt werden.
Nina Musial hält sich im Hintergrund. Sie redet nicht viel, betont, dass sie mit ihrer Arbeit die kleinen Patienten und ihre Familie zu unterstützen versucht, wenn die-

Erstaunliche Heilerfolge durch Clown-doktoren in Kinderkliniken, Krankenhäusern und Altenheimen

Ein Klinikclown und seine Ketchupspritze

se Hilfe brauchen. Und das ist ihr besonders wichtig: Jeder kann hier sein, wie er ist.»Die Hilfe, die ich anbiete, soll irgendwann überflüssig werden, d.h., Patienten und Familien sollen befähigt werden, sich zunehmend selbst zu helfen oder sich Hilfe zu suchen.«

Hilfe zur Selbsthilfe für die kleinen Patienten

»Was ich noch versuche, ist, eine freundliche, positive Atmosphäre zu schaffen, eine gute Stimmung zu erzeugen. Zum einen dadurch, dass ich die Belange der Familien ernst nehme und eine persönliche Beziehung zu den Kindern und Familien aufzubauen versuche, aber auch dadurch, dass wir Alternativen zum Behandlungsprogramm anbieten (Schlawinertreff, Stammtisch, Jojo).«

Und was sagt der Doktor Jojo über sich und seine Arbeit?

Wie aus einem Mann der Atomindustrie ein Klinikclown wurde

Johannes Schüchner war vor seiner Clown-Tätigkeit in der – man glaubt es kaum – Atomindustrie tätig und, wie er selbst sagt, verantwortlich für alles, was im Reaktordruckgefäß so abläuft. Der Umgang mit dieser Materie, der Hochmut der Industrie und das Problem der Beseitigung des radioaktiven Abfalls machten dem Mann schließlich derartig zu schaffen, dass er ausstieg – und zunächst einmal zwei Jahre lang mit dem Rucksack um die Welt wanderte, um herauszufinden, was in ihm gelebt werden wollte.

Der Clown, sagt Johannes Schüchner, habe immer in ihm geschlummert. Seine Kindheit sei nicht sehr glücklich gewesen, was eigentlich verwundert, denn der Vater war Bühnenmeister im Theater, sodass bereits der kleine Junge die Theaterluft hinter dem Vorhang in vollen Zügen einatmen konnte – und später schließlich ja auch eine Art Schauspieler geworden ist.

Er habe erst einmal die Demut in sich entdecken müssen, sagt Johannes Schüchner, habe lernen müssen, nichts mehr zu erwarten oder zu fordern. Bei seiner Ar-

Ein Klinikclown und seine Ketchupspritze

beit gehe es nicht um »Auftritte«, sondern darum, mit den Kindern in Kontakt zu treten und ihnen Entspannung zu bringen: Wer loslassen kann, kann auch fröhlich sein.
Seit 1995 besucht er zweimal wöchentlich Kliniken, kann aber auch privat als Bühnenclown engagiert werden. Er hat seine Berufung gefunden.
Das Clownsein hilft ihm auch selbst, die eigene Schwermut besser zu leben. Er ist verheiratet und hat zwei Kinder. Ob er zu Hause lustig sei, frage ich ihn. Jetzt muss er zum ersten Mal lachen. Nein, leider nicht in dem Maße, wie es die Familie wünscht, aber es gelingt ihm immer mehr, die Heiterkeit, das Lachen zu Hause zu praktizieren.

Clowndoktor Jojo hat seine Berufung gefunden

Seine Frau ist ebenfalls aus ihrem ursprünglichen Beruf in der Apotheke ausgestiegen – ist Homöopathin geworden und behandelt u.a. Kinder.
Dass er die Eltern beim Sterben begleiten konnte, hat ihn frei gemacht. »Schade, dass wir so wenig Zeit miteinander verbringen durften«, hat er da zum 90-jährigen Vater gesagt, in einem Gefühlsgemisch aus Trauer, Wut und – Verzeihenkönnen.
Es geht los!
Dr. Jojo, in grünkarierter weiter Clownshose, weißem Arztkittel, Blümchenmütze und überdimensionalen roten Schuhen, von denen einer hupt, wenn man drauftritt, nimmt das Köfferchen mit den Utensilien und wir machen uns auf den Weg durch die Korridore und in die verschiedenen Kinderzimmer.
Er ist nicht geschminkt und hat auch keine rote Knollennase auf, das braucht er alles nicht mehr. Unglaublich, wie die Kleinen bei seinem Anblick auftauen. Manche kennen ihn schon, ein frisch operiertes Mädchen, kaum aus der Narkose erwacht, wollte auf keinen Fall den Dr. Jojo verpassen.

55

Ein Klinikclown und seine Ketchupspritze

Aus einer roten Ketchupspritztüte pustet er Zauberluft in lange Plastikschnüre, die sich zu fetten Würsten aufblähen. Die Kinder pusten eifrig mit. Die Würste dreht und knotet der Dr. Jojo zu allerlei Tieren. Einem kleinen Mädchen setzt er dann so einen weißen Schwan auf den Kopf, einem Jungen lässt er einen dicken schwarzen Plastikwurm unter die Bettdecke kriechen. Großes Gejauchze, die Eltern lachen mit.

Der Zeigefinder ist zum Nasebohren da!

Auch Tabus werden angegangen: Der Zeigefinger sei vor allem zum Nasebohren da, erklärt der Clown. Was die Kleinen mächtig vergnügt. So etwas tut man doch eigentlich nicht, oder? Aber ja doch, der Dr. Jojo tut es ja auch!

Er ist bemüht, sich nicht in den Vordergrund zu spielen, passiv zu sein, die Kinder aktiv werden zu lassen. Beim

Dr. Jojo im Einsatz in der Kinderklinik

Ein Klinikclown und seine Ketchupspritze

Auch kranke Kinder können lachen

Clown können die Kinder »Nein« sagen, bei ihm trauen sie sich das. Manchmal ist es geradezu ein Ereignis, wenn ein Kind es schafft, Nein zu sagen, so wie das kleine Mädchen, auf dessen Bett er sich setzen will. »Nein«, schreit die Kleine immer wieder lachend, »nein, das ist mein Bett!«
Und ein kleiner Junge will absolut seine Krücken nicht hergeben, als Dr. Jojo sie haben will. Triumphierend lachend humpelt er weg, voller Genugtuung über seinen Sieg.
Auch Kinder, die sich zunächst schüchtern und abwartend im Hintergrund halten, kommen auf ihren Krücken langsam näher und lachen mit.
Bald ist die Stimmung so ausgelassen wie bei einem Kindergeburtstag.

> *Manchmal ist es ein Ereignis, wenn ein Kind es schafft, Nein zu sagen*

Ein Klinikclown und seine Ketchupspritze

Wie tapfer die Kleinen sind, wie tapfer die Mütter. Sie erzählen mir, dass sie nicht selten unter den Vorwürfen von Mitbürgern zu leiden haben, die meinen, dass man heutzutage doch kein behindertes Kind mehr zur Welt bringen müsse. Viele Eltern werden durch das Erkennen frühgeburtlicher Schäden in Konflikte gebracht. Aber noch nie habe ich gehört, dass sie bereuten, ihr Kind trotzdem bekommen zu haben.
Wenn es nach den Befürwortern der Präimplantationsdiagnostik ginge, wären viele dieser liebenswerten kleinen Kerlchen heute vermutlich nicht auf der Welt.
Eine wahnwitzige Vorstellung.

Jeder von uns hat ein Recht auf seine Behinderung

Jeder von uns hat ein Recht auf seine Behinderung.
Und ein Recht auf Glück.
Menschen wie Nina und der Doktor Jojo tragen dazu bei.

Falls Sie selbst, Freunde oder Verwandte ins Krankenhaus müssen, fragen Sie am besten gleich nach einem Klinikclown.
Das Gesundwerden geht viel schneller!

Lachen und Weinen – zwei Seiten ein und derselben Medaille

Haben Sie schon einmal Tränen gelacht?
Dann wissen Sie, wie nahe Lachen und Weinen beieinander liegen, tatsächlich zwei Seiten ein und derselben Medaille sind.
Wie leicht Lachen und Weinen ineinander übergehen können, habe ich soeben wieder einmal erfahren. Die Kehrseite des Lachens hat mich voll erwischt.
An diesem prächtigen Sommertag sitze ich im Garten, beschäftige mich mit dem Phänomen des Lachens und dennoch stürzen mir plötzlich die Tränen wie glühende Lava aus den Augen. Ich lasse sie fließen. Nicht »Nun wein doch nicht so« ist angesagt, sondern »nun weine mal ordentlich«. Endlich.
Die Zweige des Kirschbaums über mir biegen sich unter der Fülle der sich zart rosa färbenden Früchte. Die Amseln jubilieren ohrenbetäubend. Rosen und Jasmin duften um die Wette. Die Katerchen streichen liebevoll um meine Beine, die Hunde räkeln sich wohlig in der Nachmittagssonne, ein Bilderbuchhimmel. Ich bin gesund, habe ein trockenes Bett und genug zu essen – alles ist gut so, wie es ist, werden die Erleuchteten nicht müde zu betonen.
Offensichtlich bin ich noch einige Zentimeter entfernt von der Erleuchtung, sonst würde ich nicht so weinen. Einige schlimme Nachrichten sind mir »an die Nieren gegangen«. Ich weine um den kleinen Hasen, der unbemerkt in seinem zugigen Käfig krank geworden und

Lachen und Weinen gehen leicht ineinander über

59

Lachen und Weinen

Weinen befreit die Seele

gestorben ist, um den aus dem geparkten Auto gestohlenen im Wald zu Tode gefolterten Hund und die Kinder, die ihn liebten und jetzt trauern, um die Täter, die den Hund erschlagen haben, um den jungen Familienvater, der die Familie ins neue Auto zu einer Spazierfahrt einlud – die drei Töchterchen tot, die Frau schwer-, er leicht verletzt im Krankenhaus; ich weine um die jungen israelischen Soldaten, die ins Gefängnis gesperrt werden, wenn sie sich weigern, Palästinenser zu unterdrücken, alle diese Nachrichten prasselten innerhalb einer Stunde auf mich ein, nur weil mir beim Einkaufen die Schlagzeilen der heutigen Tageszeitung ins Auge gesprungen waren. Ich weine und weine, um unser aller Einsamkeit, um den Mangel an Achtsamkeit füreinander und für diese Welt, um all die vertanen,

Der Wellensittich auf meinem Kopf – klar, ich hab 'nen Vogel!

Lachen und Weinen

nicht genutzten Chancen zum Glücklichsein, zum Glücklichmachen.
Ursprünglich ausgelöst durch einige traurige, zu Herzen gehende Nachrichten, hat mich plötzlich der große Weltschmerz gepackt.
Eine Bekannte sagte mir, sie ertrage dieses Leben nur dadurch, dass sie hart geworden sei.
Dazu fällt mir ein Spruch ein: »Gott sprach zu den Steinen: ›Werdet menschlich!‹ Die Steine antworteten: ›Wir sind noch nicht hart genug!‹«
Es muss doch möglich sein, dieses Leben zu ertragen, ohne zu versteinern. Ich habe mich dagegen entschieden, hart zu werden und zu versteinern.
Ich lasse meine Verletzlichkeit zu, auch um den Preis von Schmerzen. Ich werde das liebevolle Kind in mir nicht umbringen.

Ich lasse meine Verletztlichkeit zu, auch um den Preis von Schmerzen

Erlauben Sie sich heftige Gefühle.
Leben Sie ein pralles Leben, auch um den Preis von Schmerzen.
Lache Bajazzo – und weine Bajazzo!

Lachen in der Zen-Tradition und bei Osho

Im Zen-Buddhismus haben lachende Mönche eine lange Tradition.
Von dem berühmten Zen-Meister Bodhidharma wird berichtet, er habe, als er erleuchtet wurde, angefangen, unbändig zu lachen – und bis zu seinem Tod nicht mehr damit aufgehört.
Nach dem Grund dieses Gelächters gefragt, soll er geantwortet haben: »Ich lache, weil sich all das, wonach ich ein Leben lang gesucht habe, in mir selbst befindet. Ich war solch ein Idiot, dass ich immer außerhalb gesucht habe, was schon in mir selbst ist, immer war. Es gab kein anderes Ziel, als mich selbst zu finden.
Und wenn ich andere sehe, die genau so suchen, muss ich einfach lachen, über den ganzen Schwachsinn dieser ganzen Sucherei, dieser Sucherei nach Spiritualität.
Ihr könnt sie nicht suchen und ihr könnt sie nicht finden – ihr *seid* Spiritualität.«

Ich lache, weil sich all das, wonach ich ein Leben lang gesucht habe, in mir selbst befindet

Das Lachen in der *Mystic Rose* – und der Name dieser Therapie – geht auf Buddha zurück. Buddha soll, kurz bevor er seinen Körper verließ, in der Runde seiner Jünger gesessen haben, schweigend, eine rote Rose in der Hand. Die Jünger werden bereits nervös: Was ist los, warum sagt der Meister nichts?
Einer hockt wie gewöhnlich abseits unter einem Baum, er redet nie. Plötzlich aber fängt dieser an zu lachen. Alle sind entsetzt. Buddha jedoch überreicht dem La-

63

Lachen in der Zen-Tradition und bei Osho

chenden die rote Rose mit der Aufforderung: »Geh hinaus in die Welt und lache, verbreite meine Lehre!« Seither ziehen in allen asiatischen Ländern lachende Mönche durch die Welt, die grundlos lachen und damit die Menschen erheitern.

Auch OSHO, der sich häufig auf den Zen-Buddhismus bezieht, schlägt vor, dass wir das grundlose Lachen üben, weil es tiefer geht. Manch einer hat damit, wie gesagt, anfangs Schwierigkeiten, weil wir gewohnt sind, nur über bestimmte Situationen oder Witze zu lachen.
In dem Buch »The great Nothing« gibt OSHO uns Schützenhilfe, wie wir es anstellen können, grundlos zu lachen.

Ich zitiere:

Mit Lachen den ganzen Körper entspannen

»Wenn du lachst, lache durch deinen ganzen Körper hindurch – das ist der Punkt, den es zu verstehen gilt. Du kannst mit den Lippen lachen, du kannst mit der Kehle lachen, das wird nicht sehr tief gehen.
Also setz dich auf den Boden, mitten im Raum und fühle dich, als ob das Lachen von deiner Fußsohle kommt. Zuerst schließe deine Augen und fühle dann, wie Wellen des Lachens aus deinen Füßen kommen. Mm? Sie sind sehr subtil. Dann kommen sie zum Bauch und werden mehr und mehr sichtbar, der Bauch beginnt zu beben und zu zittern. Bringe es dann zum Herzen, dann fühlt sich das Herz so erfüllt. Dann bringe es zur Kehle und dann zu den Lippen. Du kannst nur mit den Lippen und mit der Kehle lachen, du kannst Geräusche machen, die sich wie Lachen anhören, aber da wird nichts sein und es wird nicht viel helfen. Es wird wieder nur ein mechanischer Akt sein.
Wenn du anfängst zu lachen, stell dir vor, wie du als kleines Kind warst. Wenn kleine Kinder lachen, dann

Lachen in der Zen-Tradition und bei Osho

fangen sie an, sich auf dem Boden zu rollen. Wenn du dich danach fühlst, fang an, zu rollen. Um was es hier geht, ist, sich total *(in das Lachen)* hinein zu begeben. Und wenn das anfängt, wirst du es wissen.
Für zwei oder drei Tage mag es sein, dass du nicht fühlst, ob es passiert oder nicht, aber es wird passieren. Aber bringe es aus den tiefsten Wurzeln – so wie eine Blüte zum Baum kommt: Sie reist aus den tiefsten Wurzeln an. Nach und nach kommt sie nach oben. Du kannst sie nirgendwo sonst sehen. Erst wenn sie oben ankommt und oben aufblüht, kannst du sie sehen. Aber sie kommt von den Wurzeln, aus dem tiefsten Untergrund. Sie ist lange aus der Tiefe gereist.

Jede Blüte wird aus den Wurzeln gespeist

Genau so. Das Lachen sollte bei den Füßen beginnen und sich dann aufwärts bewegen. Erlaube dem ganzen Körper, davon geschüttelt zu werden. Fühle die vibrierende Schwingung und kooperiere mit dieser Schwingung. Bleibe nicht steif – entspanne dich. Sogar wenn du am Anfang etwas übertreibst, wird das hilfreich sein. Wenn du fühlst, dass sich die Hand schüttelt, hilf ihr, sich noch mehr zu schütteln, sodass die Energie beginnt, sich in Wellen auszubreiten, zu strömen. Dann fang an, zu rollen und zu lachen.

Erlaube dem Körper, vom Lachen geschüttelt zu werden

Dies ist für die Nacht, bevor du schlafen gehst. Nur zehn Minuten werden reichen und dann schlaf ein. Und wieder am Morgen, das Erste – du kannst es im Bett machen. Also das Letzte am Abend und das Erste am Morgen. Das Abend-Gelächter wird eine Weiche stellen in deinen Schlaf. Deine Träume werden fröhlicher werden, ausgelassener, und sie werden deinem Morgen-Gelächter helfen; sie werden den Hintergrund schaffen. Das Morgen-Gelächter wird die Weichen für den ganzen Tag stellen. Was immer du am Morgen tust – das Erste, was auch immer es ist, es stellt die Weichen für den ganzen Tag.

Lachen in der Zen-Tradition und bei Osho

Den ganzen Tag, wann immer sich eine Gelegenheit ergibt, verspanne nicht – lache

Den ganzen Tag, wann immer sich eine Gelegenheit ergibt – verpasse sie nicht, lache.
Mach das zehn Tage lang, und dann schau, wie die Dinge laufen.«

(Osho: »Lachen als Meditation«, aus: »The Great Nothing«, Kapitel 3, Deutsch von Shantena, Juni 2001 Mit freundlicher Genehmigung von Osho International www.osho.com)

Meine zunächst verzweifelten Versuche, grundlos zu lachen, meine Wut, dass es nicht gleich klappen wollte und die Beglückung beim schließlichen Gelingen schildere ich in dem Kapitel »Die *Mystic-Rose*-Therapie«.

> Ein Mönch fragt einen anderen: »Warum bist du immer so glücklich?«
> »Jeden Morgen habe ich die Wahl, glücklich oder unglücklich zu sein«, antwortet dieser. »Ich entscheide mich immer, glücklich zu sein.«
>
> Packen Sie jeden Anlass beim Schopf, glücklich zu sein.
> Es ist nicht selbstverständlich, dass jeden Tag die Sonne aufgeht.

(Informationen zu Osho s. Anhang, Seite 160.)

Die *Mystic-Rose*-Therapie

Die *Mystic* Rose (»Mystische Rose«) ist eine der schönsten Therapien, die Osho, den ich für einen der größten Therapeuten überhaupt halte, geschaffen hat. Sie dauert drei Wochen und besteht aus ebenso vielen Teilen. In der ersten Woche wird jeden Tag drei Stunden gelacht, in der zweiten Woche täglich drei Stunden geweint, und in der dritten Woche bin ich »watcher on the hill«, der reine Beobachter. Ich beobachte nur, mit einer gewissen Distanz, was sich in mir und um mich herum so abspielt, ohne irgendetwas in irgendeiner Form zu beurteilen und ohne mich mit dem, was in mir hochkommt, näher zu beschäftigen. Ich nehme wahr – und lasse los. Ich habe die *Mystic Rose* zwei Mal mitgemacht, das erste Mal als Teilnehmerin, das zweite Mal als zukünftige Trainerin, bin also autorisiert, diese wundervolle Therapieform jetzt »unter die Leute zu bringen«.

Die Mystic-Rose-Therapie holt Traumata an die Oberfläche

Osho geht davon aus, dass wir im Laufe unseres Lebens so viel Lachen unterdrückt haben und so viele Tränen, dass wir von einem regelrechten Panzer von Verhärtungen umgeben sind. Diesen Panzer gilt es aufzubrechen. Man erlaubt sich in einer geschützten Runde unter liebevoller Begleitung jeweils sieben Tage lang, ohne Grund zu lachen, zu weinen und Beobachter zu sein.

Körperliche und seelische Verkrustungen werden aufgelöst

In meinem Buch »Bleiben wir schön gesund« habe ich über meine Erfahrungen mit der *Mystic Rose* berichtet. Hier noch einmal die Tagebuchaufzeichnungen während meiner ersten *Mystic-Rose*-Therapie.

Die *Mystic-Rose*-Therapie

Von der Presse mit Interesse aufgenommen: meine Ausbildung zur »Lachtrainerin« in Pune. (Heute heißt Poona wieder Pune wie vor der Kolonialisierung, ebenso wie Bombay wieder in Mumbai zurück getauft wurde.)

Die *Mystic-Rose*-Therapie

Die Woche des Lachens

21. Januar, 9 Uhr morgens Treffen vor dem Lao Tzu-Haus.
Das übliche, mehr oder minder vorsichtige Sich-gegenseitig-Beäugen.
Zuerst die praktischen Hinweise. Wir sollen viel Wasser trinken, alle möglichen Gifte werden sich während des Prozesses lösen und müssen weggespült werden. Jeder erhält eine Matte und ein Kopfkissen und schon geht die Lacherei los, unterstützt von den drei Meditationsleitern und fröhlicher Musik.
Am ersten Tag kann ich anfangs überhaupt nicht lachen, bin am zweiten Tag sogar so wütend, dass ich aufhören

Alle möglichen *Gifte* lösen sich im *Körper*

Lachende Teilnehmer einer Mystic-Rose-Therapie

Die *Mystic-Rose*-Therapie

will. Ich bin zu sehr ›im Kopf‹. Der Verstand fuhrwerkt dauernd dazwischen: Was soll dieser Blödsinn!
Denjenigen, die ebenfalls Probleme mit dem Lachen haben, helfen Oshos Ratschläge von der Kassette: ›Sei verrückt, so verrückt wie möglich! Lache ohne Grund, experimentiere mit dem Lachen, brabbele wirres Zeug, finde dein inneres Kind, kreiere Lachenergie!
Welche Emotionen auch immer kommen, transformiere sie in Lachen!‹
Am dritten Tag aber lache ich so, wie ich es nie für möglich gehalten hätte: Sitze auf meiner Matte, johle, kreische, wie ich als Kind nie gekreischt habe – ich war immer ein artiges, vorbildliches Kind –, brülle vor Lachen, muss nach Luft schnappen, die Tränen laufen mir übers Gesicht, ich muss mir auf die Schenkel schlagen vor Lachen, den Bauch halten, bin nur noch Lachen.

Der Verstand kommt zur Ruhe

Wer lacht, hört auf zu denken.
Mein Verstand ist zur Ruhe gekommen.
Endlich.

Die Woche der Tränen

In der *Mystic Rose*-Therapie folgt auf die Woche des Lachens die Woche der Tränen. Hier weitere Aufzeichnungen aus meinem Tagebuch:
»Die Fenster sind jetzt dunkel verhängt, Trauermusik. Das Adagio von Albinoni, das ›Ave Maria‹ von Bach – kaum sitze ich auf meiner Matte, stürzen mir schon die Tränen aus den Augen, sind um mich herum die ersten Schluchzer zu hören. Neben jeder Matte eine Schachtel mit Kleenex zum Tränentrocknen und eine Plastiktüte, um die nassgeweinten Taschentücher hineinzustopfen. Mit der Musik schwillt unser Geheul zum infernalischen

Es werden viele Taschentücher nassgeweint

Die *Mystic-Rose*-Therapie

Crescendo an – im Fegefeuer kann es kaum wüster zugehen.
Manchmal liegen wir nur noch da wie Kinder, die sich in den Schlaf geweint haben – 49 Menschlein aus 19 Nationen, Russen, Koreaner, Japaner. Chinesen, Europäer, Amerikaner, eine Wahnsinnsmischung.
Drei Stunden sind fast zu wenig. Ich weine und weine, um meinen Vater, der irgendwo in einem Massengrab verscharrt liegt, um meine Mutter, der ich bei ihrem Sterben an Krebs nicht beigestanden habe, um die Kinder, die ich nicht bekommen konnte, um den kleinen toten Bruder, den ich, vier Wochen alt, in seinem winzigen Sarg liegen sehe – ich brülle über all die Verletzungen, die ich meinen Geliebten zugefügt habe und sie mir, ich schluchze, weil ich nie einen tantrischen Liebhaber hatte, und haue auf mein Kissen, weil ich es plötzlich doch traurig finde, alt zu werden ...
Am vierten Tag bin ich leergeweint. Denke ich! Minutenlang stehe ich, still mein Kissen in den Armen wiegend, tränenlos – als mich eine zierliche Koreanerin, die ich besonders ins Herz geschlossen habe, umarmt. Nun heulen wir beide los, aneinandergeklammert, ihre Tränen laufen mir den Hals herunter, meine Tränen über ihr Gesicht. Nachdem meine privaten Kümmernisse nun offenbar abgehakt sind, bricht der große kollektive Schmerz aus – ich weine um die Kinder, die durch Minen ihre Gliedmaßen verloren haben, um die Großmutter, die während des Golfkrieges ihre tote Enkelin durch den Schnee schleppte, um die Soldaten, die immer wieder in Kriege hineingepeitscht werden – go on digging, go on digging, geh hinein in den Schmerz, mach ihn bewusst und transformiere ihn in Tränen ...
Dann kommt die dritte Woche:

In den Schmerz hineingehen, so tief wie möglich

Die *Mystic-Rose*-Therapie

Die Woche der Achtsamkeit

Beobachter auf dem Hügel sein. Einfach dasitzen und den ›inneren Film‹ anschauen. Osho sagt, dass es drei Schlüssel zur Meditation gibt: Entspannung, Achtsamkeit (oder Beobachter-Sein) und Akzeptanz, eine Haltung, die nicht urteilt.
Gedanken, Gefühle, Körperbewegungen, Geräusche von draußen – alles nehme ich wahr und beobachte, absolut distanziert – als ob ein Fluss vorbeifließt, alles Mögliche schwimmt vorbei, eine Blume, ein Stück Holz, ein totes Tier – ich nehme wahr, beobachte – und lasse los. Nichts tun. Nur sitzen und loslassen.«

Nichts tun. Nur sitzen und loslassen

Und wozu das ganze Theater?, wird mancher sich vielleicht fragen – was habe ich davon im Alltag?
Das wird für jeden etwas anderes sein. Was mich betrifft, so verdanke ich der *Mystic Rose* neben der Lösung und Bewältigung alter Traumata auch den Abschied von Verhaltensmustern, die mir Erziehung, Religion und die Gesellschaft übergestülpt hatten, und die mich hinderten, ich selbst zu sein.
Die überempfindliche, nervöse, ängstliche und scheue Erwachsene mit Berührungsängsten ist heute wieder so angstfrei, mutig, tapfer, unbestechlich, lebensfroh und lebenstüchtig und damit so glücklich, wie sie als Kind war.

Es lohnt sich, drei Wochen zu opfern

Dafür lohnt es sich doch, drei Wochen zu »opfern«, oder?
Und noch etwas: Ich kann heute, was früher undenkbar gewesen wäre, einen wildfremden Menschen in den Arm nehmen, wenn dieser Mensch signalisiert, dass er es braucht und auch möchte, um mit ihm gemeinsam zu lachen oder auch zu weinen, und sei es mitten im feinsten Restaurant.

Die *Mystic-Rose*-Therapie

Im nächsten Kapitel schildere ich die Erfahrungen zweier junger Menschen mit der *Mystic Rose*, die wiederum ganz anders aussehen ...

> *Alle Menschen haben etwas zu beweinen. Versuchen Sie, Ihre verdrängten Verletzungen an die Oberfläche zurückzuholen und durch Lachen, Weinen, Beobachten und Loslassen zu heilen.*
> *Entsprechende Musik hilft dabei.*

(Informationen zur *Mystic Rose* wie auch zu den übrigen Osho-Meditationen s. Anhang, Seite 160.)

73

Toni und Monika über Lachen und Weinen in der *Mystic Rose*

Toni hat an der dreiwöchigen Meditation sechs Mal teilgenommen, Monika zwei Mal. Beide haben ihre Erfahrungen für mich aufgeschrieben.

Zunächst erzählt Toni:
»Seit fünf Jahren lache ich (fast) täglich vor dem Aufstehen. Nach einem herzhaften Räkeln und Gähnen fange ich zu lachen an. Am Anfang vielleicht noch etwas verschlafen, je länger ich lache, umso wacher werde ich und das Lachen wird intensiver.

Für das Lachen brauche ich keinen Grund, wie etwa über einen Witz oder über einen anderen Menschen zu lachen. Kleinigkeiten, wie ein schiefer Bettzipfel oder ein kitzelndes Haar können ein Anlass zum Lachen sein, es muss aber überhaupt keinen Grund geben außer dem, dass ich einfach nur lache, und das ist so lustig, dass es immer noch lustiger wird. Das geht nach und nach tiefer und das Lachen wird lauter und ekstatischer. Es ist einfach nur noch Genuss und Wachheit. Während Lachpausen spüre ich dann das Blut und die Energie in mir herumsausen.

Ist meine Freundin dabei, lachen wir gemeinsam. Das Lachen zu zweit geht leichter und tiefer. Am schönsten ist es, in einer Gruppe zu lachen, wie bei der *Mystic Rose* oder wenn ich bei meinen Sannyasinfreunden in Osho-Stadt (einer Lebensgemeinschaft von Osho-Freunden in Thüringen) zu Besuch bin. Hier kann ich einfach

Toni fängt schon im Bett mit dem Lachen an

Toni und Monika über Lachen und Weinen

nur loslassen und brauche keine Rücksicht auf Nachbarn zu nehmen. An Werktagen lache ich ca. 20 Minuten, habe ich mehr Zeit, ca. eine Stunde. Je länger ich lache, umso leichter und tiefer geht es.

Nach dem Lachen bleibe ich noch einige Minuten liegen, um die Energie und die Stille zu spüren. Danach unter die Dusche, meistens singend.

Gesundheitlich bin ich einigermaßen fit. Es könnte besser sein, denn ich sitze mehrere Stunden täglich vor dem Computer und bewege mich zu wenig. Erkältet bin ich jedoch selten. Schnupfenepidemien gehen in der Regel an mir vorbei.

Die stärkste Auswirkung des Lachens ist für mich eine gewisse heitere Gelassenheit, die nicht oberflächlich ist, sondern in die Tiefe geht. Und Lachen fällt mir immer leichter, es macht einfach Spaß.

Das Leben ist doch ein Witz!«

Und hier kommt Monika:
»Ich möchte dir schildern, wie es mir mit der *Mystic Rose* ergangen ist.

Beide Male hat mich der Prozess sehr zu mir selber gebracht und war eine enorme energetische und auch körperliche Reinigung.

Ich habe die Erfahrung gemacht, dass Lachen und Weinen ganz dicht beieinander liegen und dass in ekstatischem Lachen aus dem Bauch heraus die gleiche Energie steckt wie in heftigem Weinen. Beides ist total lebendig. Außerdem habe ich gemerkt, dass Lachen enorm an meinem Ego und meinem selbst gebastelten Leiden kratzen kann. Auch außerhalb der *Mystic Rose* habe ich erfahren, dass schon eine halbe Stunde Lachen buchstäblich die Welt für mich verändert. Sie wird friedlicher, das Leben wird leichter, und ich habe das Gefühl, dass mir in meinem Inneren nichts mehr passieren kann.

Lachen und Weinen: Beides ist total lebendig

Toni und Monika über Lachen und Weinen

Neben diesen Effekten auf psychischer Ebene hab ich auch erlebt, wie der Reinigungsprozess auf körperlicher Ebene wirken kann. Vor der ersten *Mystic Rose* (in Pune in Indien) war an meinem linken Auge mehrere Jahre lang der Tränenkanal verstopft, sodass die Tränenflüssigkeit nicht nach innen in den Rachen ablaufen konnte, sondern mein Auge ständig tränte. Es war keine schwerwiegende Erkrankung, aber doch sehr lästig.

Da ich mir nicht sicher war, ob daraus ein größerer entzündlicher Prozess entstehen könnte und weil ich einfach auch wollte, dass der Tränenkanal wieder offen ist, war ich bei mehreren Ärzten (Augen, HNO) und Heilpraktikern. Ich habe unter anderem Augentropfen bekommen, Akupunktur-Sitzungen genommen, und eine Heilpraktikerin hat Nasenreflexzonen-Massage gemacht, aber es hat nichts geholfen. Ich war sogar schon kurz davor, einen operativen Eingriff machen zu lassen, zu dem man mir in der Uniklinik geraten hatte, habe den Termin aber kurzfristig sausen lassen.

Ein verstopfter Tränenkanal wird durch das Weinen geheilt

Als ich dann die *Mystic Rose* zum ersten Mal gemacht habe, fühlte sich am Ende der zweiten Woche der Bereich um das linke Auge herum zur Nase hin stark geschwollen an, und die Flüssigkeit, die aus dem Auge kam, war trüb und gelblich. Ich bekam Angst, weil ich befürchtete, dass sich nun – begünstigt durch Staub und Dreck in der Industriestadt Pune – alles verschlimmern würde und ich damit möglicherweise in ein indisches Krankenhaus gehen müsste. Aber innerhalb weniger Tage schwoll alles ab und normalisierte sich, und erst nach noch einmal ein oder zwei Tagen realisierte ich, dass nicht nur keine gelbliche Flüssigkeit mehr aus dem Auge kam, sondern dass es überhaupt nicht mehr tränte (außer eben beim Weinen). Und so ist es geblieben.

Wie gesagt, es war zwar keine schwere Erkrankung, aber für mich, die ich mich jahrelang mit einem ständig

Toni und Monika über Lachen und Weinen

tränenden Auge herumgeplagt hatte, war es echt umwerfend und eine riesige Erleichterung.
Ich bin der Meinung, dass wir vielen Krankheiten auf physischer und psychischer Ebene vorbeugen könnten, wenn jeder Mensch wenigstens einmal im Jahr diesen Prozess mitmachen würde. Und abgesehen davon, macht er auch einfach total Spaß, auch wenn man es sich zunächst nicht vorstellen kann, wie man drei Stunden lachen oder weinen oder in der letzten Woche still sitzen soll.
Aber wenn man mal angefangen hat (so ging es mir), ist die Zeit echt total kurz.
Viel Erfolg für dein Buch, vielleicht kann ja meine Geschichte dazu beitragen.«

Das wird sie, liebe Monika.
Ich denke, dass gerade diese praktischen Beispiele auch skeptische Leser von der gesundheitsfördernden Wirkung des Lachens und Weinens sowohl auf physischer als auch psychischer Ebene überzeugen werden.

> *Durch die Mystic-Rose-Therapie kann man vielen Krankheiten vorbeugen*

*Schalten Sie doch gleich mal eine Lachpause ein! Kramen Sie vielleicht in meiner »Witzkiste« – oder hören Sie in die Lach-CD rein!
Es gibt auch Seminare, wo Sie mit anderen lachen können.*

Länder des Lachens – Reisen zu heiteren Menschen

So heißt ein herrliches Buch von Heiner Uber. Der Autor hat gemeinsam mit dem Fotografen Papu Pramod Mondhe – einem in Schleswig-Holstein lebenden Inder – regelrechte Weltreisen unternommen, weil es ihn reizte, herauszufinden, wer wo und warum lacht. Offensichtlich hat dieses Thema bei den beiden Globetrottern ein ähnliches Suchtverhalten ausgelöst wie bei mir. Man kommt nicht mehr davon los, man muss dem

Von der Lachsucht gepackt

So fröhlich sehen sie aus, die lachenden Mönche!

Länder des Lachens

Lachende junge Leute auf dem Lachtag in Kopenhagen

Phänomen auf den Grund gehen: Warum wird wo in der Welt gelacht?
Nun hat Papu Pramod Mondhe auf diesen Reisen so wunderschöne Fotos geschossen, dass ich mit Erfolg gebettelt habe – und jetzt einige von ihnen in meinem Buch verwenden darf.
Aber zunächst etwas zur Vorgeschichte des Autors.
Auch er war, wie ich, ein Kind, das gern lachte. Ebenso oft wurde er aber am Lachen gehindert. So stand schon in seinem ersten Schulzeugnis:
»Der Schüler nimmt aufmerksam am Unterricht teil. Er lacht jedoch zu viel und zu laut und stört dadurch andere.«

Länder des Lachens

Der Schüler Heiner musste sogar einen Aufsatz schreiben »Warum ich nicht immer lachen darf«.
Was ist das bloß für eine Gesellschaft, die schon den Kindern das Lachen verbietet – ein derartig elementares Grundbedürfnis!
Wir erinnern uns: Kinder lachen, wenn sie nicht daran gehindert werden, ungefähr 400 Mal am Tag. Als Erwachsene lachen wir noch etwa 15 Mal, wenn es hochkommt. Wer hat nicht als Kind zu hören bekommen: »Lach nicht so blöd!« Oder: »Das ist nicht zum Lachen, das ist eine ernste Angelegenheit!«
Dr. Kataria hat erreicht, das in einigen indischen Schulen der Unterricht tatsächlich schon von 10-minütigen Lachübungen eingeleitet wird.

Lachübungen auch in den Schulen eine gute Idee

»Die Kinder kommen pünktlich zur Schule«, berichten die Lehrer, die selbst in Lachclubs lachen, »weil sie lustig beginnt. Während des Unterrichts sind sie weit weniger zappelig.«
Solche Lachübungen zu Beginn des Schulunterrichts oder auch mal zwischendurch wünsche ich mir auch in unseren Schulen!
Wie viele Spannungen und Aggressionen könnten dadurch abgebaut werden, wie viele körperliche und seelische Verkrustungen verhindert!

Doch zurück zu Heiner Uber.
Es begann in Bombay, wo er den bereits erwähnten Arzt Dr. Madan Kataria traf, der weiß: »Wer viel lacht, wird nicht krank! Ich habe die Vision von einem globalen Lachzeitalter!«
Und Heiner Uber fängt an zu reisen, überall dorthin, wo er etwas über lachende Menschen und ihre Lachrituale gehört hat.
Er reist zu den Indianern und den Eskimos, nach Japan, Kopenhagen, Italien – überall spürt er Lachrituale auf,

Länder des Lachens

wie z.B. den Tanz der lachenden Alten in Mexiko oder das Fest der Göttin Niutsuhime in Japan. Im japanischen Kawabe wird mit einer ekstatischen Lachprozession dieser Shinto-Göttin Niutsuhime gehuldigt. In Kopenhagen treffen sich zum jährlichen Lachtag zehntausend und mehr Menschen. Aber auch über die Schule der Heiterkeit in Hannover berichtet Heiner Uber, in der die Clowns ausgebildet werden, den kranken Kindern in den Kliniken zu helfen, wieder gesund zu werden.

Das gelingt den Kleinen viel schneller, wenn sie lachen müssen, weil Frau Professor Mehlwurm die blöden Spritzen mit der Spritzpistole verabreicht und Herr Doktor Trööt einem Kind eine rote Knollennase auf die Nase operiert, ähnlich wie unser Clowndoktor Jojo.

Hahaha, hihihi, hoho – diese Urlaute sind international

Das *Hahaha Hihihi Hoho* findet sich in der ganzen Welt, diese Urlaute sind international.

Ein Buch, das mir sehr am Herzen liegt, ein Buch zum Wieder-lachen-Lernen für die vielen freudlosen, traurigen oder depressiven Menschen, mit einer Menge ansteckender Lachfotos.

> Wenn überall in der Welt gelacht wird, funktioniert es auch in Castrop Rauxel und Gelsenkirchen.
> Beobachten Sie, worüber Kinder lachen.
> Werden Sie erfinderisch! Seien Sie albern!

(Uber, Heiner/Papu Pramod Mondhe: »Länder des Lachens. Reisen zu heiteren Menschen«, Frederking & Thaler Verlag, München 2000.)

Wird das Lachen sogar die Politik erobern?

»EINFÜHRUNG EINES WELT-LACH-TAGES ZUR FÖRDERUNG DES WELTFRIEDENS UND DER VÖLKERVERSTÄNDIGUNG GEFORDERT«

Der Anwalt und aufmüpfige Münchner Stadtrat Bernhard Fricke, Gründer der Organisation DAVID GEGEN GOLIATH und nebenbei einer meiner besten Freunde, ist berühmt – manchmal verlacht, von einigen auch gefürchtet – wegen seiner originellen Einfälle, wenn es um den Schutz von Mensch, Tier und Umwelt geht. Eine dieser Ideen ist es, das Lachen in die Politik zu bringen.

Ein Mann mit originellen Einfällen zum Schutz aller Lebewesen

Fricke ist unter anderem Baumbesetzer zur Rettung vom Tode bedrohter Bäume, ICE-Blockierer aus Protest gegen die ungenügenden Förderungen für die Bahn, Ehrenmitglied im Verband der Tschernobylopfer in Anerkennung seiner humanitären Hilfsaktionen und von Tierfreunden ganz besonders geliebt wegen seines Eintretens für Tierschutzbelange, wie der Rettung des inzwischen berühmt gewordenen Schafes Seraphina, den Lesern meines Buches »Bleiben wir schön gesund« sicher in Erinnerung.

Den Rosenmontag 2000 nutzte Fricke für folgenden Appell an UN-Generalsekretär Kofi Annan, den ich nur voll unterschreiben kann:

Wird das Lachen sogar die Politik erobern?

Appell an UN-Generalsekretär Kofi Annan

»Einführung eines ›Welt-Lach-Tages‹ als Beitrag zum Weltfrieden

Sehr geehrter Herr Generalsekretär,
wie Sie wissen, strebt zurzeit in Deutschland (und damit auch in Deutschlands schönster Stadt, München) und in vielen anderen Ländern der Welt der Karneval seinem Höhepunkt zu. Über diese Form der organisierten Kollektiv-Fröhlichkeit kann man durchaus unterschiedlicher Auffassung sein.

Nicht unterschiedlicher Auffassung kann man aber über den rundum positiven Wert des Lachens als originär menschlicher Ausdrucksform sein. Denn Lachen ist im wahrsten Sinne des Wortes gesund, es stärkt das Immunsystem, regt den Kreislauf an und aktiviert 230 von 640 Muskeln. Eine Minute Lachen hat die gleiche Wirkung wie zehn Minuten Joggen – und es macht uns schöner als die teuerste Kosmetik. Lachen ist nicht nur für uns selber gut, sondern es wirkt ansteckend auf unsere gesamte Umgebung und setzt damit einen positiven Mechanismus in Gang.

Der Wert des Lachens kann angesichts einer Entwicklung unserer einzigen Erde, die eigentlich viel mehr Anlass zum Weinen als zum Lachen gibt (Armut, Hunger und Folter, Steigerung der Rüstungsausgaben bei abnehmenden Entwicklungshilfe-Ausgaben, Umweltzerstörung, Artensterben, um nur ein paar markante Beispiele zu nennen), nicht hoch genug eingeschätzt werden.

Lachen ist völkerverständigend und friedenstiftend

Dabei muss insbesondere auch das völkerverständigende und friedenstiftende Element des Lachens hervorgehoben werden; denn lachende Menschen können sich auf der ganzen Welt immer und überall verständigen und ein lachender Mensch hat noch nie einem anderen Menschen etwas Böses angetan.

Wird das Lachen sogar die Politik erobern?

Deshalb erlaube ich mir, den ersten Karneval im gerade begonnenen 3. Jahrtausend zum Anlass zu nehmen, Sie zu bitten, möglichst bald einen ›Welt-Lach-Tag‹ einzuführen. Als Datum würde sich zum Beispiel der 30. 6., also die Halbzeit des Jahres, gut eignen. Außerdem sollte von der UN weltweit jede Aktivität zur Förderung des Lachens unterstützt werden.

Die UN sollten weltweit Lachaktivitäten unterstützen

Ich würde mich freuen, sehr bald von Ihnen eine positive Antwort zu erhalten.
Bis dahin verbleibe ich mit zwei lachenden Augen und einem lachenden Herzen

Ihr Bernhard Fricke
Vorsitzender von David gegen Goliath«

Kofi Annan hat zwar noch nicht geantwortet – aber inzwischen gibt es ihn bereits, den Welt- Lachtag, nämlich am 6. Mai!

Das wäre ja geradezu paradiesisch: Gelächter in der Knesset und bei der Hamas, gemeinsames Lachen verbindet Bosnier, Serben und Kroaten, Menschen in Russland mit Menschen in Tschetschenien, die Fehde zwischen Katholiken und Protestanten in Irland wird einfach weggelacht ... Juden, Palästinenser, Moslems, Christen, Agnostiker und Atheisten alle vereint in einem gigantischen Gelächter ...
Eine unrealisierbare Utopie?
Durchaus nicht!
Wie hat Ben Gurion gesagt: »Wer nicht an Wunder glaubt, ist kein Realist!«

(Adresse von »David gegen Goliath« s. Anhang, S. 159.)

Welt-Lachtag in Berlin

»Kein Scherz: Am 6. Mai ist Welt-Lachtag. Und zum ersten Mal lacht Berlin mit!«
So wurde in einer Pressemitteilung Thomas Draegers verlautbart, einem der Organisatoren dieses Events. Weiter ging's im Text:
»Die Berliner Lachgruppen, der Berliner Lachchor ›krumm & schief‹ und das Stimmlabor Freiklang laden alle Lachfreudigen zu einem happening der besonderen Art ein: Gemeinsam das Lachen zu zelebrieren. Miteinander lachen ist Weltsprache und zugleich die kürzeste Verbindung zwischen zwei Menschen.
Zeitort des Ereignisses: Der Alexanderplatz Nähe Weltzeituhr Sonntag, 6. Mai, von 15.00 bis 17.00 Uhr.
Gelacht wird nicht über Witze oder Komiker. Die Organisatoren laden ein, nach den bewährten Lachübungen des indischen Arztes Dr. Madan Kataria, Begründer des Welt-Lachtages, zu lachen.
Sie ermöglichen es uns, das grundlose Lachen der Kindheit wieder zu entdecken.
Das gleiche Ziel wird erreicht durch das Lachen nach Melodien bekannter Volkslieder (Lachchor) und freie Stimmimprovisationen.
Volksvertreter aus Bundestag und Abgeordnetenhaus sind ebenfalls herzlich eingeladen, um an diesem Tag mit dem Volk zu lachen.
Lachen regt den Stoffwechsel an, trainiert 80 Muskeln und baut Stresshormone ab.

Miteinander lachen ist Weltsprache

Welt-Lachtag in Berlin

Um Lachspenden wird gebeten!
PS: Wir lachen auch bei Regen.«

Lachen kann man auch auf dem Alexanderplatz

Ich bin doch tatsächlich extra nach Berlin gefahren, weil ich neugierig war, wie es sich mit Menschen lacht, die sich weder um Esoterik scheren noch besonders um Gesundheit, mit Hinz und Kunz also oder dem berühmten Lieschen Müller.
Als es losgehen soll mit dem gemeinsamen Lachen ist es eiskalt und es regnet.
Sind das die verfrühten Eisheiligen?
Ich muss mir einen Mantel borgen und Socken, bin ich doch bei 20 Grad Wärme im schönen Chiemgau gestartet, angetan mit luftigem Frühlingsoutfit und Sandalen.
Wird überhaupt jemand kommen bei diesem Wetter, auch noch stehen bleiben und gar mitlachen?
Der Mitinitiator Thomas Draeger, ein Filmproduzent, hat den Lachchor »krumm & schief« gegründet, den ersten Lachchor der Welt, und bereits eine Lach-CD produziert.

Thomas Draeger hat seinen Lachchor in seiner Pressemeldung so vorgestellt:
»Die zehn Mitglieder treffen sich zu regelmäßigen Proben. Geübt wird weniger das Lachen selbst, alle Mitglieder sind begnadete Lachtalente, als das Lachen von Liedern. Volkslieder, Pop oder Klassikvorlagen, deren Rhythmus nahe am Lachrhythmus ist, werden kurz ›angelacht‹. Fehler, Patzer und Ungenauigkeiten sind willkommene Gelegenheiten, über sich selbst zu lachen und aus dem Vortrag auszubrechen. Die Freude über solchen Quatsch löst minutenlanges grundloses Lachen aus, das eigentliche Ziel des Liederlachens. Bei den gemeinsamen Lachkollern kommen die einzelnen Lach-

Welt-Lachtag in Berlin

talente, die ich auch meine Instrumente nenne, zu ihren Soli-, Duett- oder Trioeinsätzen.
Erster Auftritt beim Welt-Lachtag auf dem Alexanderplatz am 6. Mai 2001.«

Die Idee zum Chor hatte Thomas Draeger bei der Produktion seiner CD »Lachmeditationen«, auf der 12 Lachstücke zum Mitschmunzeln, -grinsen und -lachen verleiten (s. Anhang).
Besonders gut lacht es sich übrigens zum »Jäger aus Kurpfalz«, wie ich selbst mit Freunden ausprobiert habe.
»Unsere Gesellschaft würde anders aussehen, wenn mehr gelacht würde!« Davon ist Thomas Draeger überzeugt. Er hat das Lachen als Therapie für sich selbst – und dann auch für andere – entdeckt, als es ihm laut eigener Aussage »ziemlich dreckig« ging.
Womit wieder einmal bestätigt wäre, dass die Lacher, all die Clowns und Bajazzos, sehr wohl und oft mehr als genug um die dunkle Seite des Lebens wissen, mehr als genug Erfahrung mit der Melancholie gemacht haben und sich vielleicht nur mit Hilfe des Lachens sozusagen immer wieder an den eigenen Haaren aus dem Sumpf beziehungsweise aus der eigenen Schwermut zu ziehen vermögen.

Mit dem Lachen kann man sich aus der Schwermut befreien

Eine unschuldige Frohnatur denkt vermutlich gar nicht über das Lachen nach.
Glückliche Menschen. Wie eine meiner Schwiegermütter, eine in meiner Erinnerung schon immer steinalte Gräfin.
»Ich weiß gar nicht, was du immer mit deinem Blutdruck hast«, sagte sie eines Tages ziemlich unwirsch zu mir, »ich habe überhaupt noch nicht gemerkt, dass ich einen Blutdruck habe!«
Sie war es auch, die, fast neunzigjährig, aus dem Fenster

Welt-Lachtag in Berlin

schaute und bemerkte: »Alles grau in grau, da sehe ich aber schwarz!«

Zurück zum Welt-Lachtag.

Zwei Therapeutinnen der »Berliner Lachgruppen« stellen die Übungen des indischen Arztes Dr. Madan Kataria vor, der in Bombays Straßen die Leute zum Lachen bringt. Und dort dürfte es ja nun wirklich nicht sehr viel Anlässe zum Lachen geben.

Ich wiederum, die ich nicht müde werde zu betonen, wie sehr der indische Mystiker Osho mein Leben zum Glücklichen gewendet hat, berichte über meine Erfahrungen als Trainerin der *Mystic Rose* und wage sogar »Gibberish« mit der Menge. Gibberish ist sinnloses Blablabla, Kauderwelsch, von Osho kreiert für alle, die den Kopf mal frei haben wollen von dem üblichen Gedankensalat. Das könnte so lauten: »blidlschrtlpuklbifdsüsoeirnjehtiabrgst« – so wie es aussieht, wenn der Computer verrückt spielt.

Alles klar?

Schon mal Gibberisch probiert?

Die vielen Leute, die sich trotz des eisigen Regens angesammelt haben, sind ganz offensichtlich überwiegend »Ossis« und dürften kaum Osho-infiziert sein, machen aber dennoch begeistert mit; Junge, Alte, es ist toll. Trotz Regen und Kälte heizt sich die Stimmung derartig auf, dass mir bald die Lachtränen über die Backen kullern.

Es ist immer wieder faszinierend zu erleben, wie ansteckend Lachen ist, zu welchen Heiterkeitsausbrüchen man sich gegenseitig hochschaukelt.

Ein halbes Dutzend Fernsehkameras und Fotografen kommentieren jedenfalls fleißig und berichten dann auch überaus wohlwollend.

Kein lachender Mensch kann auf einen anderen lachenden Menschen schießen

Ich bin der Überzeugung – und sage das auch in meinem Grußwort an die Berliner –, dass kein lachender Mensch auf einen anderen lachenden Menschen schießen kann.

Welt-Lachtag in Berlin

Dieser Welt-Lachtag hat mich richtig glücklich gemacht. Wunderbar und anrührend, wenn so viele Menschen, die sich gar nicht kennen, allein durch das Lachen in Kontakt miteinander kommen.
Fangen Sie doch einfach mal in der S- oder U-Bahn an zu lachen und sehen Sie, was passiert!

(Adresse von Thomas Draeger und Bezugsquelle der Lach-CD s. Anhang, Seite 159.)

Gelacht in der Humorkirche

Das gibt es doch tatsächlich, eine Kirche, die man besucht, um dort zu lachen, nämlich die »Humorkirche« in Wiesbaden, wo jeden Mittwochabend nach der Methode von Dr. Madan Kataria gelacht wird.
Mit ganzen vier Menschen hat Dr. Kataria 1995 in einem Park in Bombay zu lachen begonnen – heute ist eine weltweite Bewegung daraus geworden, gibt es Hunderte von Lachclubs.

Indische Männer üben das »Löwenlachen«

Gelacht in der Humorkirche

Zur Animation bedient sich Dr. Kataria einiger Übungen, die wir vom Yoga her kennen, wie dem Löwenlachen mit aufgerissenem Mund und herausgestreckter Zunge zur Lockerung der Gesichtsmuskulatur. Der *Hohoho*-Laut wiederum kommt auch in Oshos »Dynamischer Meditation« vor, lockert die Bauchmuskulatur und, wenn man dazu auch noch hopst wie in der Dynamischen Meditation, das Sexzentrum, das seinen Sitz im Steißbein hat. *Hahaha* dagegen entspannt den Brustkorb.

Auch Ihr Sexzentrum profitiert vom Lachen

Mit etwas Glück kann man also mit gezieltem Lachen sämtliche Chakren (wie in einem früheren Kapitel erwähnt, bezeichnet man so im Yoga die unsichtbaren Energiezentren) beleben.

Der Schalk scheint tatsächlich im Nacken zu liegen, wie das Sprichwort behauptet. Denn nach Dr. Katarias Methode massieren die Lachclubmitglieder diesen Körperteil besonders hingebungsvoll, um besagten Schalk hervorzulocken.

Der Schalk sitzt im Nacken

Alles muss im Fluss sein, damit der Mensch gesund ist – panta rhei, alles fließt, sollte jedenfalls fließen ... Und wo die Säfte fließen, wie sie sollen, bleibt auch der Humor nicht aus – »humor« ist ja, wie wir in einem früheren Kapitel gehört haben, das lateinische Wort für Saft.

Da sollte es, zumindest theoretisch, keine Krankheit mehr geben.

In Wiesbaden hat Dr. Kataria besonders fleißige Anhänger. Unter der Leitung von Gudula Steiner-Junker treffen sie sich jeden Mittwoch in der »Humorkirche«, um einen Abend lang nur zu lachen. Mein Freund Moritz Boerner, Autor und Filmemacher, hat mitgelacht und exklusiv für uns berichtet:

»Der Tag danach. Ein wenig heiser, Zwerchfellmuskelkater – gestern war ich im Lachclub.

94

Gelacht in der Humorkirche

Er tagt jeden Mittwoch um 18 Uhr in der Wiesbadener ›Humorkirche‹.
Wiesbaden und Humor, das sind nicht gerade Zwillinge – umso erstaunlicher, dass etwa 50 Lachgläubige sich versammelt haben, dazu (zum x-ten Male, wie ich höre) das Fernsehen; Lachen ist zurzeit ›in‹. Die Kirche war wirklich einmal eine Kirche, jetzt ist sie knallgelb angemalt, innen stehen Witzfiguren auf dem Altar, Mickymäuse und Clowns haben den Platz der Heiligen eingenommen. Lachen scheint in unseren Breiten noch keine allzu lange Tradition zu haben.

Witzfiguren und Clowns in der Kirche an Stelle der Heiligen

Ich plaudere mit den Fernsehleuten des englischen BBC, sie erwähnen, dass es in England keinerlei Humorkirchen gäbe, und wundern sich, wieso ausgerechnet die Deutschen so etwas haben. Als ich die Vermutung äußere, dass die Verhältnisse in England vielleicht umgekehrt seien und das Land möglicherweise eine einzige große Humorkirche sei, können sie sich kaum halten vor Lachen.
Und dann machen sie auch wacker mit, als nach Verstreichen des akademischen Viertels der Gottesdienst beginnt. Filmen dürfen sie erst danach.
Gudula Steiner-Junker, die Gründerin der Humorkirche und Leiterin des Lachclubs, eine sehr sympathische, resolute, dynamische Frau undefinierbaren Alters, lässt einen Kreis bilden und jagt ihre Gemeinde in einem Affentempo durch eine Serie von Übungen, die fast alle unbändiges Lachen auslösen (sollen). Jede Übung wird mit schnellem rhythmischem Klatschen, Hahaha-Singen und Hüpfen im Kreis abgeschlossen. Nach einer Zeit ist das nicht mehr nur zum Lachen, sondern einfach anstrengend. Das Lachen der meisten Anfänger wirkt ein wenig gezwungen, sicher auch meines. Wenn ich allerdings zu Gudula oder einem der erfahreneren Clubmitglieder schaue und höre, so wirkt deren Gelächter nicht

Gelacht in der Humorkirche

nur hundertprozentig echt, sondern auch sehr ansteckend. Und ich lasse mich anstecken. Manchmal muss ich über mein Lachen und über meine Bemühungen zu lachen sehr lachen, das Ganze erscheint mir inzwischen wirklich lustig. Ich denke, dass man mit ein wenig Übung ganz einfach wird begreifen können, dass wir alle ein einziger großer Witz sind, ja dass diese ganze Schöpfung nur ein kosmischer Witz ist. Es gab sicher viele lachende Heilige, besonders im Sufismus und im Zen-Buddhismus, und der große Osho hat immer verkündet: Sei dir selbst ein Witz. Seine Vorträge waren jedenfalls stets mit saftigen Witzen gewürzt. Auch Gudula hat sich von einem Inder, der eine Art Lachyoga betreibt, in der Lehre und Wissenschaft des Lachens ausbilden lassen.

Ist die ganze Schöpfung nur ein kosmischer Witz?

Nach jeder Lachübung heben wir die Arme, gähnen und atmen dann gähnend aus, während wir sie wieder senken. Das fällt mir nicht nur sehr leicht, sondern liegt mir auch fast mehr als das Lachen – ich denke, ich könnte stundenlang nur laut gähnen. Aber schon geht es weiter: Wir heben imaginäre Tomaten auf und schmeißen sie uns mit irrem Gelächter gegenseitig ins Gesicht, wir zeigen mit Fingern auf die anderen und lachen uns gickernd und fingerstechend kaputt über die Witzfiguren, die wir da überall lachen sehen, wir messen Lachen nach Metern und Zentimetern und schmeißen es lachend in die Luft, wir bauen Berge aus Hahas, Hohos, Hihis und Hähäs und reißen sie wieder ein, wir schießen aus Fingerpistolen Salven von Lachen um uns herum, verspritzen Lachen, versprühen Lachen, schütten uns aus vor Lachen, halten uns die Bäuche, holen uns den Schalk aus dem Nacken und reiben ihn uns ins Gesicht, zeigen uns mit rausgestreckter Zunge die Krallen und patschen uns gegenseitig die schweißnassen Hände – alles lachend, versteht sich.

Gelacht in der Humorkirche

Ich bewundere Gudula, die mühelos und echt lacht, während sie eine (selbsterfundene) Übung nach der anderen vor- und mit uns zusammen nachmacht, ohne Pause oder auch nur Unterbrechung. Die Engländer, die kein Deutsch sprechen, fragen mich hinterher, ob sie Witze erzählt habe, über die die Leute lachen müssten, ich antworte, ich hätte keine Witze gehört.

Die Realität lachend akzeptieren

Gudula wirkt nicht wie der weibliche Lachguru, als den man sie bezeichnen könnte; sie scheint mir einfach jemand zu sein, der unheimlich gerne lacht und andere gerne zum Lachen bringen möchte. Lachen ist schließlich eine der gesündesten und menschlichsten Tätigkei-

In der Gruppe lacht es sich einfach am leichtesten

Gelacht in der Humorkirche

ten. ›Es geht darum, die Realität lachend zu akzeptieren, das, was ist‹, erklärt sie mir später. Insofern lebt und lehrt sie nichts anderes, als ich selbst es mit ›The Work‹ tue, einer Methode, die uns ebenfalls letztendlich alles akzeptieren oder gar lieben hilft. Gudula sagt: ›Wenn es schon so ist, wie es ist, warum es dann nicht lachend willkommen heißen? Versuchen zu ändern kann ich es ja immer noch und selbst das wird mir lachend leichter gelingen, als wenn ich mich gräme und mit langem Gesicht über Missstände aller Art schimpfe!‹

Christine, eine sehr sympathische und exzessive Lacherin aus dem Club, erzählt mir später, dass sie auch im Alltag viel mehr zu lachen habe als früher, dass sie leichter auf andere zugehen und auf sie eingehen könne, seit sie regelmäßig lache. ›Ich bekomme viel leichter Kontakt mit Menschen, mit denen ich früher keinerlei Gemeinsamkeiten verspürt hätte. Und ich finde es gut, dass die meisten Leute im Lachclub ganz normale Bürger sind, keine Freaks oder Spiri-Fanatiker. Außerdem schlafe ich nach dem Lachen immer besonders gut. Mein Kopf arbeitet dann nicht so viel‹, sagt sie.

Lachen schafft Gemeinsamkeiten

Nach dem ›offiziellen Teil‹ sitze ich noch mit den Mitgliedern des Lachclubs in einem Restaurant, auch hier wird noch viel und ernsthaft gelacht. Auch ich fühle mich gut nach diesem Abend, wenn auch ein wenig müde. Ich denke, Lachen ist nicht nur seelische und körperliche Massage, Fitnesstraining und Stärkung der Immunabwehr, sondern auch eine ernst zu nehmende religiöse Praxis. Ein Teil der Kirchensteuer sollte für mehr Humorkirchen abgezweigt werden.

Ein Teil der Kirchensteuer für mehr Humorkirchen?

Hahamen.
Moritz Boerner«

98

Gelacht in der Humorkirche

Dieser Bericht wird doch den größten Lachmuffel reizen, es einmal zu probieren.
Vielleicht haben Sie Lust bekommen, sich einem Lachclub anzuschließen. Oder Sie gründen selbst einen!
Übrigens: Kümmern Sie sich nicht darum, wie andere lachen. Finden Sie zu Ihrem eigenen Lachen. Manchmal hilft es, dabei die Augen zu schließen.

(Informationen zur Humorkirche und zum Autor Moritz Boerner s. Anhang, Seite 158.)

Ich bin eine Lachwurzn

Dieses urbayrische Wort ist inzwischen Allgemeingut geworden und gerade aus der Theatersprache nicht mehr wegzudenken. Bei mir haben Sie es also mit einer preußischen Lachwurzn zu tun.

Meine Mutter war eine Lachwurzn, meine Großmutter, meine Tanten – alle Frauen meiner Familie, die Männer hingegen waren eher schweigsame Typen. Diese Frauen hatten auch witzigerweise im Alter von 30 Jahren alle graue Haare, und alle lachten Tränen – nicht wegen der grauen Haare, sondern über alles und jedes, über jedes Kinkerlitzchen. Ich bleibe der Tradition treu.

Auch eine Preußin kann eine Lachwurzn sein

Schon die kleine Waltraut – auf den Namen war ich getauft worden – wurde von Lachlust geplagt.

Und das noch dazu beim Hochziehen der Fahne für Adolf Hitler, den damals auch von mir, dem Mädchen Waltraut, geliebten Führer!

In den letzten Jahren des 2. Weltkrieges evakuierte der Staat meine Schulklasse für ein halbes Jahr nach Bad Sachsa im Harz. Wir wurden »kinderlandverschickt«, wie das hieß. Je zwei Mädchen durften wochenweise die Hitlerfahne bedienen, morgens hissen, abends wieder einholen. Auch meine liebste Freundin und ich wurden mit dieser ehrenvollen Aufgabe betraut.

Wir beiden Zwölfjährigen marschierten also ganz allein, angetan mit der »Jungmädelkluft« – schwarzer Rock, weiße Bluse, Schlips und Knoten – wie die Soldaten im Stechschritt mit dem kostbaren Tuch zur Fahnenstange,

Ich bin eine Lachwurzn

zogen es hoch, salutierten mit dem Hitlergruß und marschierten im Stechschritt zurück.

Ein paar Tage ging das gut. Aber dann ... wurden wir plötzlich bei eben dieser Tätigkeit von einem unerträglichen Lachreiz geplagt. Ich denke nicht, dass die Lächerlichkeit unseres Tuns uns bewusst geworden war, das wäre uns ja wie Hochverrat vorgekommen ... Vielleicht war es die Anspannung, unbedingt alles richtig zu machen, oder wir waren einfach nur albern – jedenfalls fingen wir beide derartig an loszuprusten, dass wir den Lappen nur unter Gegluckse und Gekicher bis nach oben hievten und abends wieder runter. Es wurde täglich schlimmer, bis ich meinte, dieses Vergehen nicht länger verantworten zu können, meiner verehrten Klassenlehrerin – sie hieß Fräulein Kirchner – meldete, dass ich wegen unbeherrschter Lacherei nicht würdig sei, diesen Dienst für den geliebten Führer weiterhin zu verrichten, und sie bat, mich in Unehren vom Fahnendienst zu suspendieren.

Meinem Ansuchen wurde stattgegeben.

Über »Schlimmes« kann ich grundsätzlich nicht lachen

Obwohl ich also eine unverbesserliche Lachwurzn bin, was mir gerade beim Theaterspielen nicht unerhebliche Probleme bereitete, stelle ich immer wieder fest, dass ich über ganz andere Dinge lache als die meisten Menschen. Vor allem dann, wenn etwas total anders kommt als erwartet. Über »Schlimmes« kann ich allerdings grundsätzlich nicht lachen. Das Lachen bleibt mir dann nur deswegen nicht im Halse stecken, weil es gar nicht erst bis dorthin gelangt, wenn der Lacheffekt darauf abzielt, dass jemand stürzt, sich das Genick zu brechen droht und ähnliche Scherze, beliebt z.B. in »Pleiten, Pech und Pannen« oder in der Fernsehsendung »Versteckte Kamera«.

Hier drei Beispiele aus der Sendung »Versteckte Kame-

Ich bin eine Lachwurzn

ra«. Für diejenigen, die diese Fernsehsendung nicht kennen, eine kurze Erklärung ihres Prinzips:
Eine versteckte Kamera filmt mithilfe eingeweihter »Komplizen« ein ahnungsloses »Opfer« bei dessen manchmal sehr komischen Reaktionen, wenn es hereingelegt wird.
Worüber können Sie lachen?

Drei Fälle aus der Sendung »Versteckte Kamera«

Fall 1:
Das Opfer: eine ältere Frau, die Komplizen: Inhaber eines Hundesalons
Die Frau kommt in einen Hundesalon, um ihren großen schwarzen Pudel vom Trimmen abzuholen. Man präsentiert ihr aber einen kleinen weißen Pudel mit der Bemerkung, man habe ein neues Waschmittel verwendet, der Hund sei dabei eingelaufen und die Farbe habe eben auch gelitten.
Die Frau wird bleich vor Entsetzen, versucht immer wieder, den Hund zu streicheln, mit seinen Kosenamen zu erreichen – natürlich vergeblich, der Hund, der nicht ihr Hund ist, kennt sie ja gar nicht und schaut desinteressiert in die Gegend.
Die Saloninhaber schlagen ihr schließlich vor, ein Gegenmittel auszuprobieren, um aus dem eingelaufenen weißen Pudel wieder einen großen schwarzen zu machen.

Ein großer schwarzer Pudel ist im Hundesalon eingelaufen

Fall 2:
Opfer: Straßenpassanten, die Eis kaufen wollen, Komplizin: eine Eisverkäuferin
Eine Eisverkäuferin gibt verschiedenen Kunden eine Eistüte, schnappt sie sich aber immer wieder mit der Erklärung, sie habe zu viel hineingefüllt. Sie leckt das Zuviel an Eis ab und gibt dem Käufer dann das Eis zurück.

Eine Eisverkäuferin leckt das Zuviel an Eis einfach ab

Ich bin eine Lachwurzn

Fall 3:
Opfer: der Sänger Jürgen Drews, Komplizen: seine Freundin, die Hausfrau Maria, ein junger Mann, ein Polizist.

Der Sänger Jürgen Drews befindet sich mit seiner Freundin in einer Telefonzelle.

Der Sänger Jürgen Drews eingeschlossen in der Telefonzelle

Drews legt den Hörer auf und will die Telefonzelle verlassen – die Tür lässt sich nicht mehr öffnen. Auch das Telefon funktioniert plötzlich nicht mehr. Eine Hausfrau geht vorbei, erkennt den »Hallo« rufenden und verzweifelt an die Scheibe hämmernden Drews, bittet um ein Autogramm. Der, genervt: »Wie heißt du?« Sie: »Maria.« Drews schreibt das Autogramm, schiebt es unter der Tür durch.

Nun geht ein junger Mann vorbei, fragt: »Sind Sie nicht der Jürgen Drews?« Der antwortet mit dem Titel eines seiner berühmtesten Lieder, »Jaja, ein Bett im Kornfeld«, er sei hier eingeschlossen, aber gleich da drüben stehe sein Wagen, ob der junge Mann ihm das darin befindliche Werkzeug holen würde, damit man die Tür aufbrechen könne, schiebt die Wagenschlüssel unter der Tür durch. Der junge Mann nimmt die Schlüssel, schließt das Auto auf, startet es und – fährt davon!

Jetzt nähert sich ein Polizist. Das gleiche Szenario. Drews erklärt, dass er dringend zum Flugplatz müsse und auf keinen Fall sein Flugzeug verpassen dürfe. Der Polizist nimmt umständlich den Fall zu Protokoll und kurz darauf fährt ein Kran vor, der die Telefonzelle mitsamt Drews und seiner Freundin auf einen Abschleppwagen hievt.

Der gondelt nun durch die ganzer Stadt bis zum Flugplatz – wo bereits eine ganze Reihe weiterer Telefonzellen mit ebenfalls darin Eingeschlossenen geparkt ist.

Die Sendung endet immer damit, dass Regisseur und Kamerateam sich zu erkennen geben, im allgemeinen

Ich bin eine Lachwurzn

Gelächter vor allem der Opfer: Wie konnte ich mich nur so reinlegen lassen!

Wer kann nun worüber lachen?

Fall 1: Die Frau, die verzweifelt versuchte, ihren geliebten Pudel wieder zu erkennen, der gar nicht ihr Pudel war, beziehungsweise sich abmühte, von diesem erkannt zu werden, wirkte, als stünde sie kurz vor einem Herzinfarkt. Sie tat mir unendlich Leid. Ich konnte überhaupt nicht darüber lachen, obwohl die Situation ja eigentlich komisch war. Man sollte meinen, kein Mensch würde auf einen so haarsträubenden Unsinn hereinfallen. Es ist immer wieder erstaunlich, wie viele Menschen zu glauben bereit sind, auch wenn die Dinge noch so unglaubwürdig sind.

Der haarsträubendste Unsinn wird geglaubt

Es ist wie mit dem berühmten Satz über die Religion: Credo quia absurdum – ich glaube, obwohl es absurd ist.

Fall 2: Die Szene mit der Eisverkäuferin fand ich zum Schreien komisch. Vor allem die unterschiedlichen Reaktionen der Eiskäufer, von absoluter Fassungslosigkeit über Kopfschütteln und Gelächter bis zu blanker Empörung. »Was fällt Ihnen ein, das ist ja unerhört«, »eine Unverschämtheit« ... und und und.

Die Reaktionen sind so verschieden wie die Menschen

Wovon mögen diese jeweiligen Verhaltensweisen nun wieder abgehangen haben? War der eine vielleicht gerade ausgeruht aus den Ferien zurück, der andere kaputt nach einem langen Arbeitstag und durchaus nicht zum Scherzen aufgelegt, der Dritte schließlich grundsätzlich eine Frohnatur? Denn einer nahm doch tatsächlich sein angelutschtes Eis, als sei es das Normalste von der Welt, und lutschte gut gelaunt daran weiter.

Ich bin eine Lachwurzn

Fall 3: Über Jürgen Drews und was ihm so alles passiert ist, habe ich wirklich Tränen gelacht – obwohl die Situation, ähnlich wie die mit dem Pudel im Hundesalon, auch jemanden in die Nähe eines Herzinfarkts hätte bringen können.

Schließlich musste Drews dringend zum Flugplatz und hätte sein Flugzeug verpassen können. Aber auch das wäre nicht eine solche Katastrophe gewesen, wie einen falschen Hund vom Trimmen zurückzubekommen.

Überdies konnte Drews die Situation sichtbar mit Humor nehmen. Vielleicht weil die Freundin dabei war?

Verliebte nehmen alles mit Humor

> Wenn wir uns selbst beobachten, werden wir auch feststellen, dass wir sehr unterschiedlich reagieren, mit mehr oder weniger Humor, je nachdem, ob wir ausgeruht und vielleicht gerade frisch verliebt sind und die Sonne scheint, oder ob wir schlecht geschlafen haben, der Traumpartner sich wieder mal nicht als solcher entpuppt hat und der Himmel auch noch grau in grau ist.

Lach dich gesund, nicht kaputt!

Dass man sich auch totlachen kann, ist bekannt. Chronisten berichten von grausamen Folterungen, z.B. während des Dreißigjährigen Krieges. Man strich den Delinquenten, das konnten auch Bauern sein, die man zur Preisgabe ihrer möglicherweise versteckten Wertsachen zwingen wollte, Salz auf die bloßen Füße und ließ dieses von Ziegen ablecken, so lange, bis der Gemarterte sich buchstäblich totgelacht hatte.
Nun wollen wir uns aber weder tot- noch kaputt-, sondern gesundlachen.
Einen herzhaften Lachanfall löste bei mir vor ein paar Tagen ein eleganter Herr aus, der, genau wie ich, am Münchner Flughafen am Fließband auf seinen Koffer wartete, inmitten der üblichen Menge übel gelaunt aussehender, abgehetzter Menschen.
Ich hielt einen riesigen Blumenstrauß im Arm. Er sah mich streng an, hob die Hand und sagte: »Nein danke!« Wie zu einer Blumenverkäuferin, die in der Kneipe Rosen zum Verkauf anbietet.
Zuerst lachte nur ich, minutenlang, dann lachte auch er, dann die Gruppe um ihn herum und schließlich mindestens ein Dutzend anderer Wartender, ohne dass diese wussten, warum sie lachten. Sie wurden einfach angesteckt.
Vielleicht war diesen ursprünglich schlecht gelaunten Leuten durch die Lacherei der ganze Tag versüßt.
Der Leiter des Lachchors »krumm & schief«, Thomas Draeger, erzählte mir, er habe mit einer Gruppe in der

Schlecht gelaunte Passagiere wurden einfach angesteckt durch andere Lacher

107

Lach dich gesund, nicht kaputt!

Hier lache ich mit einem Nachbarskind

U-Bahn angefangen zu lachen, und schlussendlich habe der ganze Waggon gewiehert.
Ein Lachanfall nach dem Essen kann aber auch gefährlich werden. Nach einem gar nicht besonders üppigen und zudem selbstredend vegetarischen Mahl in einem Seerestaurant erlitt eine Bekannte beim anschließenden Spaziergang allein durch mein Aussehen eine derartige Lachattacke, dass sie daran fast erstickt wäre. Ich trug wegen der Kälte einen dicken grünen Anorak mit Kapuze und darüber gegen den Regen eine blaue Plastikhaut ebenfalls mit Kapuze, die ich unter dem Kinn zu einem

Lach dich gesund, nicht kaputt!

adretten Schleifchen gebunden hatte. Wer einmal an den Niagarafällen war, kennt diese Dinger, sie werden grundsätzlich allen Besuchern zum Schutz gegen die sprühende Gischt ausgehändigt. Sehr praktisch, da man sie zusammenfalten und in die Tasche stecken kann, aber jeder sieht damit aus wie ein Batman, zumal wenn noch ein Windstoß unter die Plastikhülle fährt, wie das mir geschah.

So sieht man einfach nicht aus, muss Dagmar gedacht haben, jedenfalls nicht im Chiemgau und nicht als Person des öffentlichen Lebens, und die bin ich nun mal. Von der erwartet man, dass sie sich einigermaßen anständig anzieht und insgesamt bemüht ist, einen guten Eindruck zu hinterlassen. Mein lächerlicher Aufzug widersprach diesen Erwartungen total.

Hat eine Person des öffentlichen Lebens immer anständig auszusehen?

Dagmar wurde jedenfalls von einem derartigen Lachkoller ergriffen über mein Aussehen, dass sie, schreiend vor Lachen, sich den Bauch haltend vor Lachen, nach Luft japsend aussah, als befände sie sich kurz vor einem Herzinfarkt, zuerst sich krümmend vor Lachen, dann aber vor Schmerzen, bis der Anfall endlich vorüber war.

Und die Moral von der Geschicht?

»Ist dein Bauch zu voll
Lache nicht so doll!«

Sonst kann es einem ergehen wie dem Storch, der die Blindschleiche gefressen hat.

Hören Sie sich diese schaurigschöne Ballade an, über die wir uns als Kinder scheckig lachten, mit so einem »Igittigitt-Lachen«, bei dem man eine Gänsehaut bekommt.

Man kann sie sogar singen!

Lach dich gesund, nicht kaputt!

Hier sind die Noten.

Ein Storch spazierte einst am Teiche

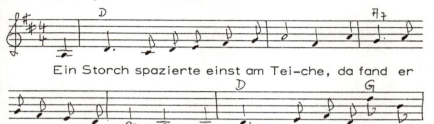

»Ein Storch spazierte einst am Tei-che
da fand er eine blinde Schlei-che.
Er sprach: Das ist ja wunderbar!
Und fraß sie auf mit Haut und Haar.

Die Schleiche lag in seinem Ma-gen
das konnten beide nicht vertra-gen.
Drum sprach die blinde Schleich o Graus
und ging zur Hintertür hinaus.

Der Storch sah dieses mit Verdru-uss
dass solches ihm passieren mu-uss.
Drum fraß er ohne lange Wahl
den schleichen Wurm zum zweiten Mal.

Lach dich gesund, nicht kaputt!

Und stemmte lächelnd mit Versta-and
die Hintertüre an die Wa-and
und sprach hinein zur blinden Schleich:
Nun bitte, wenn du kannst, entweich!

Da tät mit List die schlaue Schlei-chen
Zur Vordertür hinaus entwei-chen;
Doch fraß der Storch ohn lange Wahl
Voll Wut sie nun zum drittenmal.«

Igittigitt igittigitt! Entzücktes Gekreische aller Kinder. Erst kackt er sie aus, dann kotzt er sie aus, und dann frisst er sie noch mal, iiiiiiiii!
Kinder lieben und lachen bekanntlich über komische Situationen, die mit dem Unterleib und speziell mit den Ausscheidungsorganen zu tun haben.
Aber es kommt noch schlimmer:

Die Ballade vom Storch und der blinden Schleiche

»Drauf bracht in listiger Erfin-dung
er (der Storch!) beide Türen in Verbin-dung
und sprach zur blinden Schleich hinein:
Nun richt dich auf 'ne Rundreis ein!«

Damit endet die Ballade, an der mich die eleganten, fantasiereichen Variationen über den Namen dieses silbrigen Schlängelchens entzücken, das, wenn tatsächlich blind, doch ganz schön schlau gewesen sein muss.

Erinnern Sie sich auch an einen Witz, ein Lied, eine komische Situation aus Ihrer Kinderzeit, worüber Sie damals lachen mussten?
Aus meiner Kindheit stammt folgender Witz:

Lach dich gesund, nicht kaputt!

Der Chef einer Holzhandlung will die Schlagfertigkeit des neuen Lehrlings prüfen. Er ruft von außerhalb in seiner Firma an, der Lehrling meldet sich am Telefon:
Der Chef: »Haben Sie Astlöcher?«
Der Lehrling nach einer winzigen Pause: »Selbstverständlich führen wir auch Astlöcher!«
Der Chef: »Sie führen Astlöcher?!«
Der Lehrling: »Aber sicher, Astlöcher sind der Schlager der Saison. Wir sind total ausverkauft, hatten gerade einen Versand von 100.000 Astlöchern nach Amerika für eine Spielzeugfabrik.«
Der Chef: »100.000 Astlöcher nach Amerika? Was machen die denn mit 100.000 Astlöchern?«
Der Lehrling: »Arschlöcher für Schaukelpferde!«

Ätsch! –
Lachen aus Schadenfreude

Lachen hat viele verschiedene Erscheinungsformen. Es kann herzhaft sein, aus dem Bauch heraus, aber auch ängstlich, gequält, verlegen, spöttisch, schadenfroh, verlogen – wir kennen den Ausdruck »lachende Erben«. Er geht auf den 187. Spruch aus den Sentenzen des Publilius Syrius zurück, der lautete:

»Das Weinen der Erben ist ein maskiertes Lachen.«
Besonders beliebt ist das schadenfrohe Lachen.

Einmal habe ich selbst ein schadenfrohes Gelächter ausgelöst, so ein Ätsch!-Lachen.
Ausgerechnet während eines Vortrages zum Thema meines Buches »Bleiben wir schön gesund« bekam ich einen Kreislaufkollaps – noch dazu, nachdem ich gerade behauptet hatte, was ja eigentlich auch stimmt, dass es mir heute mit über 70 Jahren besser geht als mit 30, eben aufgrund meiner vollwertigen Ernährung. Ich war überanstrengt, hatte wegen einer Tierschutzaktion in der Nacht vorher kaum geschlafen, mich abgehetzt, um zu diesem Termin nach Berlin zu fliegen, kaum etwas gegessen und zu wenig Wasser getrunken, zudem schwankte auch das Wetter zwischen tropischer Hitze und schlagartiger Abkühlung nach einem wüsten Gewitter.

Mit 70 Jahren geht es mir besser als mit 30

Hätte ich doch den dargebotenen Stuhl während meines Vortrages benutzt – aber nein, ich wollte stehen, weil ich das immer so mache, mich stehend beweglicher fühle, in besserem Kontakt mit den Zuhörern.

Ätsch! – Lachen aus Schadenfreude

Der eigentliche Vortrag war geschafft, die Diskussion in vollem Gange.

Ich zog meine Jacke aus mit der Bemerkung, dass es hier recht schwül sei, fühlte aber, wie ich trotzdem anfing zu schwitzen und mir immer mulmiger wurde, vielleicht auch weil eine besonders sture Frau einfach nicht glauben wollte, dass Milchprodukte, vor allem im Übermaß genossen, nicht zuträglich seien.

Durch 30 Jahre schauspielerische Tätigkeit gestählt und diszipliniert – the show must go on –, versuchte ich, die aufkommende Blutleere im Kopf mit Hilfe tiefen Atmens und Drückens einschlägiger Akupunkturpunkte zu besiegen, vergebens. Wie durch einen weißen Nebel hörte ich mich weiterreden über den Unfug der vielen Quark- und Käseesserei, dazwischen die aufgeregten Worte eines älteren Mannes aus dem Publikum, der wild mit den Armen fuchtelnd rief: Ich habe immer Milchprodukte gegessen und bin 92 Jahre alt – und wäre wohl umgefallen, wenn nicht ein halbes Dutzend herbeieilende Zuhörerinnen mich aufgefangen und auf den Stuhl gesetzt hätten, auf dem ich ja sowieso sitzen sollte, um mir dann sehr rührend mit Angeboten von Bachblüten-Notfalltropfen, Fußreflexzonenmassage und anderen Hilfsmitteln – stehen alle in meinem Buch! – wieder auf die Beine zu helfen.

Vermutlich war das Einbildung, aber benebelt wie ich war hörte ich den alten Mann schallend lachen: »Hähähä, ich bin 92 und habe immer Milchprodukte gegessen, und da steht sie nun mit ihrer Weisheit, die vegetarische Angeberin, und kippt um, hähähä!«

Wieder was dazu gelernt.

Ich hüte mich eh davor, zu behaupten, Vegetarier werden älter als andere Mitmenschen. Das überlasse ich den Wissenschaftlern. Die haben ihre Statistiken.

Werden Vegetarier älter als Normalesser oder ...?

Ätsch! – Lachen aus Schadenfreude

Ein Witzchen habe ich aber auch an diesem Abend noch zustande gebracht. Das Publikum freut sich immer diebisch, vor allem die Noch-Fleischesser, wenn ich – Vegetarierin seit über 30 Jahren – zum Schluss der Diskussion die Vegetarier auf die Schippe nehme.
»Vegetarier werden nicht älter – sie sehen bloß älter aus.« Ätsch!
Dieser Spruch fand sicher auch die Zustimmung des schadenfrohen alten Herrn.

Aus dem Theater geplaudert

Die meisten von uns haben schon erlebt, dass aufkommende Lachlust schier unbezwinglich werden kann, gerade bei so genannten ernsten Anlässen in der Schule, in der Kirche, bei Begräbnissen, missglückten Gesangsdarbietungen und ähnlichen Festivitäten.

Ernste Anlässe steigern die Lachlust

Wird hingegen erwartet, dass man lacht, funktioniert es meistens weniger gut.

Auf der Bühne inszeniertes Lachen gehört für einen Schauspieler zum Schwersten überhaupt.

Einen spektakulären geradezu orgiastischen Lachauftritt lieferte die Schauspielerin Carla Hagen in der Fritz-Kortner-Inszenierung von Othello in einem Berliner Theater. Es muss in den Fünfzigerjahren gewesen sein, also schon ein halbes Jahrhundert her, mir aber bis heute unvergesslich.

Carla Hagen tritt als Bedienstete Emilia auf, um eine Botschaft zu überbringen. Sie setzt dazu immer von neuem an, wird aber derartig von Lachkrämpfen geschüttelt – kein Mensch weiß, warum, und man erfährt es auch nicht –, dass sie keinen einzigen Satz zustande bringt und schließlich, einem Kollaps nahe, kichernd und glucksend und kreischend, sich den Bauch haltend und nach Luft schnappend vor Lachen von der Bühne geht, ohne ein einziges Wort herausgebracht zu haben.

Eine grandiose Leistung, die Minuten gedauert haben muss. Das Publikum klatschte frenetisch Beifall.

Für so einen Auftritt würde ich auch noch mal Theater spielen.

Aus dem Theater geplaudert

Dieser berühmte Lachanfall war inszeniert. Was aber, wenn er unverhofft passiert, und gerade dann, wenn der von ihm Überwältigte ihn durchaus nicht gebrauchen kann?

So geschehen einem beliebten Nachrichtensprecher in Sidney. Der Mann hatte über irgendeine Katastrophe zu berichten. Und wie es der Teufel will, er brachte die schlimme Botschaft nicht über die Lippen, ohne mittendrin loszuprusten. Immer wieder nahm er Anlauf, der Schweiß trat ihm auf die Stirn vor lauter Anstrengung, sich zu beherrschen, aber nichts half, seine Mundwinkel begannen verräterisch zu zucken, seiner Augen bemächtigte sich ein der zu übermittelnden Katastrophe diametral entgegengesetztes absolut vergnügt wirkendes Funkeln, und schon ging es wieder los. Er wurde schließlich ausgeblendet.

Ich habe mit ihm mitgelacht und mitgelitten, denn die Fernsehanstalt wollte ihn wegen des Vorfalls entlassen. Der Mann war aber so beliebt und es gab so viele Gnadengesuche von Zuschauern, dass er seinen Job behielt.

Was bei Lachanfällen auf der Bühne alles passieren kann

Ich selbst bin, wie gesagt, eine fürchterliche Lachwurzn ... Wird ein Schauspieler von einem Lachkoller ereilt, reagiert das Publikum sehr unterschiedlich. Bekommt es nicht mit, warum oben auf der Bühne unprogrammmäßig gelacht wird, kann es böse werden. Fühlt es sich hingegen einbezogen, dann hat es Verständnis und lacht sogar mit, wenn zum Beispiel ein Schauspieler sich bemüht, mitten im Spiel das versehentlich offen gelassene Hosentürl zuzuknöpfen und dabei das Tischtuch mitsamt dem Essgeschirr vom Tisch reißt.

Ist tatsächlich passiert!

In der »Kleinen Komödie« in München geschah es, dass mitten in einer Aufführung von Françoise Sagans »Schloss in Schweden« das Sofa unter mir und der

Aus dem Theater geplaudert

grande dame Lil Dagover zusammenbrach. Da gab es sogar Applaus.
Umgekehrt kann auch das Publikum den Schauspieler durch Zwischenrufe zum Lachen bringen. Ich kann ein Lied davon singen, bei 30 Jahren auf der Bühne!
In der Komödie »40 Karat« begann ein Akt damit, dass ich, in ein grünes Trikot gezwängt, einen Kopfstand machte, als der Vorhang hochging. Worauf ein junger Mann in der ersten Reihe mit lauter Stimme feststellte: »Donnerwetter, und das ganz ohne Netz!«
So schnell war ich nie wieder unten und auf den Füßen.

Mein Hochseilakt ganz ohne Netz

Als Sartres »Ehrbare Dirne« wartete ich, aufgemotzt mit schwarzem Korsett und Strapsen, auf den nächsten Freier. Da rief ein Mann von ganz hinten aus dem Publikum: »Jetzt siag i's erst, wos i für a Glumpert zu Haus hob!« Natürlich lachte das ganze Theater.
Ein Zwischenruf aus dem Publikum in einem Hamburger Theater hat mich um ein Haar am Weiterspielen gehindert. Ich war die Partnerin von Charles Regnier in Albees »Wer hat Angst vor Virginia Woolf«. Im letzten Akt jammere ich mit tränenumflorter Stimme nach meinem Mann George, mit den Eiswürfeln im Whiskyglas klimpernd (in dem natürlich wie üblich nur Apfelsaft war), da ruft oben vom Rang herunter eine Frau im schönsten Hamburgisch triumphierend: »Das kommt vom vielen Whiskytrinken!«
Schwer, da ernst zu bleiben. Zumal das Publikum natürlich auch lachen musste.
In der Komödie ist so etwas kein Problem, kann aber in einer Tragödie zur Katastrophe führen wie im Fall einer Aufführung von »Kabale und Liebe«, als der Schauspieler statt mit einem Lied auf den *Lippen* mit einem Lied auf den *Luppen* sterben wollte.
Mich hat es ausgerechnet in Strindbergs Tragödie »Fräu-

Kann man mit einem Lied auf den Luppen sterben?

Aus dem Theater geplaudert

lein Julie« ganz schlimm erwischt – aus unerfindlichen Gründen hatte ich immer überwiegend neurotische Frauengestalten zu verkörpern. Näherte sich eine bestimmte Textstelle, so konnte ich meinen Partner Dietmar Schönherr nicht mehr ansehen, ohne dass dieser geradezu grauenhafte Lachkoller sich ankündigte. Ich bohrte mir die Fingernägel in die Handballen, bis es fast blutete, sah dem Dietmar gar nicht mehr in die Augen, sondern nur noch auf die Stirn, wo ja das berühmte dritte Auge sitzen soll – nichts half, mit jeder Aufführung wurde es schlimmer. Und wir hatten noch eine ganze Tournee vor uns!

Wie ich mit einer Fratze den Lachanfall in den Griff bekam

Ich schaffte es schließlich, indem ich, sobald sich die verhängnisvolle Textstelle näherte, eine Art Fratze zustande brachte, die einem Ausdruck wie Schmerz ähnelte. Nur damit überlebte ich die Aufführung. Und das Publikum hat nichts gemerkt.

Das gleiche »Schmerzgesicht« hat mich eines Abends bei einer Einladung in der deutschen Botschaft im afrikanischen Ghana gerettet. Eine sehr alte Dame trug die Ballade vor »Wer reitet so spät durch Nacht und Wind?«. Gut gemeint – aber grauenhaft.
In so einem Fall kann man dann nur noch, wie ich es tat, den Kopf in die Hände stützen, was den Anschein höchster Aufmerksamkeit oder gar Ergriffenheit vortäuscht. Und wenn es einen dann vor Lachen schüttelt, denken alle, das wäre das Heimweh nach Deutschland.

Es gibt eine Menge berühmter Lachanfälle auf der Bühne, die man sich in Schauspielerkreisen immer wieder genüsslich in Erinnerung ruft.
Hier einer, den ich allerdings nicht selbst miterlebt habe: Man spielt Goethes »Clavigo«, Trauermusik ertönt, Marie Beaumarchais wird zu Grabe getragen, vor Kum-

Aus dem Theater geplaudert

mer über den treulosen Liebsten Clavigo ist ihr das Herz gebrochen. Der kommt just in diesem Moment vorbei und fragt: »Wen tragt ihr da zu Grabe?«
Die Antwort muss lauten: »Marien Beaumarchais«. Dies ist der einzige Satz, den der damit betraute meist sehr junge Schauspieler während der gesamten Vorstellung zu sprechen hat. Vermutlich sitzt seine ganze Familie im Parkett, um den tollen Auftritt des Sprösslings mitzuerleben – und was sagt der in seiner Aufregung? Stottert und stottert, aber kommt nicht auf den Namen, und platzt schließlich los:
»Mmmmmm – Minnan von Barnhelm.«
Es heißt, die Sargträger hätten um ein Haar den Sarg fallen lassen, so hat sie das Lachen geschüttelt.
Dem berühmten großartigen Schweizer Schauspieler Ginsberg, der häufig von Lachattacken heimgesucht wurde, hatte die Theaterleitung gedroht: »Noch einmal so ein Lachanfall auf der Bühne – und du bist gekündigt.«
Es kam, wie es kommen musste. Ginsberg konnte das in ihm aufsteigende hysterische Gelächter nur so in den Griff bekommen, dass er eine Ohnmacht markierte; der Vorhang fiel, und der Schauspieler soll sogar ins Krankenhaus eingeliefert worden sein – was wiederum für sein schauspielerisches Können spricht.

Lachanfälle – ein Kündigungsgrund?

An den Regisseur Fritz Kortner habe ich eine eigene lustige Lacherinnerung. Kortner wurde von seinen Schauspielern geliebt und gefürchtet, weil er sehr von Stimmungen abhängig war. Er erschien stets im Anzug und mit Krawatte zu den Proben. War der Anzug grau, war äußerste Vorsicht angeraten. Dann konnte er sehr ungnädig sein.
Romy Schneider und ich haben unter seiner Regie die »Lysistrata« von Aristofanes für das Fernsehen gedreht,

Aus dem Theater geplaudert

Sie wissen schon, das Stück, in dem die Frauen sich den Männern so lange verweigern, bis diese aufhören, Kriege zu führen. Romy war die Myrrhine, ich die Lysistrata. Wolfgang Kieling spielte meinen Ehemann. Während der Proben probierte er einen Gag aus, über den der im Zuschauerraum sitzende Regisseur Kortner laut lachen musste. Der hocherfreute Kieling ging selbstverständlich davon aus, dass dieser gelungene Gag nun in die Inszenierung eingebaut werden würde. Mitnichten!

Fritz Kortner lacht unter seinem Niveau

»Aber Herr Kortner, Sie haben doch darüber gelacht!«, meinte er enttäuscht.

Darauf Kortner in seinem unnachahmlich näselnden Tonfall: »Jaaaa, aber unter meinem Niveau!«

Lachen Sie – wenn Ihnen danach zumute ist. Ruhig auch unter Ihrem Niveau!

Humor ist, wenn man trotzdem lacht

Woody Allen soll gesagt haben, dass er die meiste Zeit kaum etwas komisch fände und den Rest der Zeit überhaupt nichts.
Bei den Komikern scheint es sich überwiegend um Melancholiker zu handeln. Kennen Sie eine Ausnahme? Klamauk als Ventil, um nicht durchzudrehen?

Sind die Komiker alle Melancholiker?

»Humor ist der Knopf, der verhindert, dass uns der Kragen platzt«, stellt Joachim Ringelnatz fest.
Humor ist, wenn man trotzdem lacht! Der Schauspieler Gustav Knuth besaß eine gehörige Portion Humor. Er hat mir folgende wahre Geschichte über seine lieben Kinderchen erzählt – und selbst darüber gelacht!
Liebling der Familie Knuth war eine Katze namens Kathi.
Eines Tages wurde Kathi überfahren. Gustav Knuth war gerade nicht zu Hause, als seine Frau vorsichtig versuchte, den Kindern die schreckliche Nachricht mitzuteilen: »Kathi ist überfahren worden, sie ist tot!«
Frau Knuth wunderte sich: Die Kinder reagierten überhaupt nicht, spielten ohne die geringste Gemütsbewegung seelenruhig weiter!
Beim Mittagessen dann fragte eines der Kinder: »Wo ist denn Kathi?«
»Ich habe es euch doch gesagt«, antwortete Frau Knuth, »Kathi ist überfahren worden! Sie ist tot!«
Darauf brachen alle Kinder in großes Geheul aus: »Ach wir haben gedacht, Vati ist überfahren worden, Vati ist tot!«

Humor ist, wenn man trotzdem lacht

Auch die folgende Situation zeugt von Humor und Selbstironie. Mechthild Scheffer, Autorin der Bachblüten-Therapie-Bücher, erscheint zu ihren Seminaren stets überaus elegant gestylt. So auch diesmal.

Ihr Publikum wartete mucksmäuschenstill auf ihren Auftritt, als sie in einem traumhaften Outfit den Vortragssaal betrat, von Kopf bis Fuß in Türkis.

Sie hatte sich einen dieser praktischen hohen Rednerstühle mitgebracht, auf denen man halb sitzt und halb hängt, und schickte sich gerade an, diesen zu erklimmen – als er unter ihr zusammenbrach.

»Also esoterisch wollen wir das lieber nicht deuten!«, war ihr trockener Kommentar. Beneidenswert schlagfertig!

Keine Schadenfreude, sondern allgemeines befreites Lachen war die Reaktion des Publikums.

»Der Witz ist die Auflösung einer gespannten Erwartung in Nichts« ... oder auch in etwas völlig Unerwartetes, das im Kontrast zu dem Erwarteten steht. Diese Episode ähnelt dem schon beschriebenen großen Auftritt Curd Jürgens', der elegant, von vielen Augen beobachtet, eine Treppe herunterschritt und stolperte.

Der Witz ist die Auflösung einer gespannten Erwartung in Nichts

Ich selbst habe auch noch ein amüsantes Abenteuer beizusteuern. Während einer Kur fiel ich einem italienischen Masseur in die Pranken – im wahrsten Sinne des Wortes. Ein Sadist, der Mann, aber was für ein Komiker! Je mehr ich stöhnte und aufheulte, desto mehr griff er in die Vollen. Nach einem meiner Aua-Schreie fragte er leise in beschwörendem Ton auf Deutsch: »Polizei, Madame?«

Beim nächsten Schmerzgeheul flüsterte er: »Ambulanz, Madame?«

Da musste ich trotz aller Schmerzen schon so lachen, dass ich um ein Haar von der Massagebank gefallen wäre.

Humor ist, wenn man trotzdem lacht

Aber dann der Clou. Halb von Sinnen nach der Tortur stand ich schließlich auf schlotternden Beinen, da gab er mir einen Prankenhieb auf den Hintern mit der Bemerkung: »Muscolatura antica!«

Eine Freundin berichtet, ich sei förmlich aus dem Therapieraum gewankt, aber geschüttelt und tränenüberströmt von unbändigem Gelächter.

Ich erkläre mir diesen eigentlich überproportionierten Lachanfall so:

Üblicherweise bekomme ich Komplimente wegen meines Aussehens – »für Ihr Alter sind Sie aber toll in Form«, usw. usw. – und hier kommt einer, haut mir auf den Hintern und attestiert mir eine »antike« Muskulatur.

Ich bin eine Donna mit antiker Muskulatur

Lachen Sie auch dann, wenn Sie Opfer des Humors sind. Ein Tag ohne Lachen ist ein vergeudeter Tag!

Tabus beim Witz – gibt es die noch?

Wie empfinden wir Witze, die gegen Tabus verstoßen? Auf jeden Fall wird ein Lachen – ein überraschtes, schockiertes – oft gerade *durch* eine Tabuverletzung ausgelöst.

Was aber ist heutzutage überhaupt noch tabuisiert? Mensch kann sich outen, wie er will, schwul, lesbisch, es regt so gut wie niemanden mehr auf.

Viele Quellen zur Witzschöpfung dürften also weggefallen sein. Aber es gibt immer noch genügend Versprecher, über die man lachen kann. Besonders beliebt sind Versprecher von Autoritätspersonen, Politikern, Fernsehansagern etc. Ganz besonders, wenn die Versprecher ein bisschen schlüpfrig sind.

Versprecher sind besonders beliebt, wenn sie schlüpfrig sind

So soll eine so genannte Dame der Gesellschaft im Orte Schlitz den Ehrengast mit folgenden Worten begrüßt haben: »So heiße ich Sie willkommen in meinem kleinen Schlitz!«

Hahaha?

Und da habe ich selbst die Fernsehkameras auf dem Bildschirm wackeln sehen, als eine Ansagerin sagte: »Sie sahen den Film ›Das Loch‹ – und nun sehen Sie ›Mainz, wie es singt und lacht‹.« (Bei den Zuschauern kam der Satz an als »meins, wie es singt und lacht«.)

Diese unfreiwillig komischen Sätze wirken allerdings nur komisch, wenn man sie nicht nur liest, sondern auch hört. Ebenso zu Heiterkeit Anlass gab der berühmte Ausspruch des Sportreporters: »An den Hängen stan-

Tabus beim Witz – gibt es die noch?

den sie und Pisten ...« (kam bei den Zuhörern akustisch an als »An den Hängen standen sie und pissten ...«)

Osho – der größte Tabubrecher aller Zeiten

Mein Meister Osho kann wohl als der größte Tabubrecher aller Zeiten angesehen werden. Gnadenlos holt er bei jedem an die Oberfläche, was an Verdrängtem, nicht Bewusstgemachtem schlummert, wo sich Vorurteile verstecken, die jeder entrüstet von sich weisen würde: Ich? Aber ich doch nicht!

Osho macht Witze über alles und jeden, sei es Mutter Teresa oder der Papst, »der« Pole, »die« Engländerin, »der« Neger, »der« Jude.

Mir als sich in alle Ewigkeit schuldbeladen fühlender Tochter eines Nazivaters stockt bei Witzen über Juden immer noch das Blut in den Adern. Ebenso bei Witzen über »Polacken«, »Tschuschen«, die ich als rassistisch empfinde oder über »Behinderte«.

Oder was sagen Sie zu folgendem Witz:

Ein Schwarzer kommt mit einem Frosch auf der Schulter in eine Bar.
Fragt der Barmann: »Wo hast du denn den aufgegabelt?«
Antwortet der Frosch: »Im Senegal!«

Da kann ich nicht lachen.

Der Witz spiegelt immer die Gesellschaft wider und so sind auch diese Witze Ausdruck eines bestimmten Teils unserer Gesellschaft.

Ist die Nekrophilie, die sich in Witzen über Tote äußert, vielleicht das letzte Tabu unserer verkorksten und übersättigten Gesellschaft?

Zurzeit ein beliebter Witz:

Ein Betrunkener hat am Strand Sex mit einer Ertrunkenen. Sagt ein anderer: »Hören Sie mal, diese Frau ist doch tot!«

Tabus beim Witz – gibt es die noch?

Darauf der Betrunkene: »Oh, ich dachte, sie sei Engländerin«!
Wie finden Sie das? Komisch oder entsetzlich oder beides?

Ein anderer Witz setzt noch eins drauf:
Einer hat Sex auf einer Friedhofsmauer.
Ein Vorübergehender fragt: »Darf ich auch mal?«
Darauf der Erste: »Grab dir doch selber eine aus!«

> Der Witz spiegelt die Gesellschaft wider

Wie gesagt, der eine lacht sich schief, der Zweite findet einen Witz nur blöd, der Dritte geschmacklos.

Eine Quelle für Witze sind nach wie vor Vorurteile. Sie entstehen bei Ängsten vor dem, was anders, was fremd ist. Dass sie nicht immer böswilliger Natur sein müssen, sondern ganz unschuldig sein können, beschreibt der Kabarettist Gerhard Polt in einem Interview mit der Zeitschrift GEO; er hat die Geschichte wiederum von einem gewissen Stofferl Well.
Ich zitiere:
Sitzt in Oberbayern einer vor seinem Bier, schaut ins Grün und sagt: »Ist das nicht schön?«
Alle nicken und sagen: »Ja, wunderschön.«
Plötzlich sagt der: »Man kann jetzt sagen, was man will, aber in diese Landschaft passen einfach keine Neger rein!«
Polt erklärt: »Der Mann hat eine ästhetische Vorstellung von seiner Heimat, er sieht die Bäume, das Gras, die Kühe, es ist das gewohnte Bild, und wenn man da jetzt ein paar Neger reintun würde, dann haun die natürlich erst mal raus, weil sie auf einer jahrhundertelang tradierten Optik nicht hineinpassen.«
GEO fragt dann: »Lachen wir über den überraschenden

> Eine Geschichte aus Oberbayern von Gerhard Polt

Tabus beim Witz – gibt es die noch?

Satz oder weil wir uns plötzlich Neger in dieser Landschaft vorstellen?«
Nicht jeder wird diese Geschichte komisch finden; die Verhaltensweisen von Menschen unterliegen offensichtlich unterschiedlichen Tabus und so wird z.B. auch auf dem Land anders gelacht als in der Stadt.

Auf dem Land wird anders gelacht als in der Stadt

Ich habe selbst diese Erfahrung gemacht, einmal sehr eindrücklich anlässlich eines großen Zeltfestes in der Nähe des Wallersees in Österreich, wo ich damals wohnte.
Der überaus beliebte Entertainer erzählte zwei Witze, an die ich mich nach nun über 30 Jahren noch erinnere, nicht weil sie so komisch waren, sondern weil ich nicht begriff, dass Menschen darüber lachen können, schließlich aber doch über die Lachenden lachen musste.

Witz Nr. 1: *Eine Frau beschwert sich im Hallenbad beim Bademeister, dass ein Mann sie unter Wasser unsittlich berührt habe.*
Dieser, zur Rede gestellt: »Aber ich habe doch nur nach meinem verlorenen Toupé gesucht!«

Witz Nr. 2: *Die Lehrerin sagt: »Es steht ein Hund am Wallersee, dem steht der Schwanz in die Höh! Na, Xaver, was fällt dir dazu ein?«*
Darauf das Xaverl: »Fräulein, wenn ich Ihre Beine seh', geht's mir wie dem Hund am Wallersee!«

Das Publikum tobte vor Vergnügen, das Zelt drohte auseinander zu brechen.

Sind Lachen und Orgasmus verschwistert?

Schon damals fragte ich mich, ob es erstens stimmt, was Sexualtherapeuten behaupten, dass nämlich Lachen und Orgasmus eng verschwistert sind, weil beides mit Loslassen und Hingabe zu tun hat, und ob es zweitens

Tabus beim Witz – gibt es die noch?

stimmt, dass die ländliche Bevölkerung, und zwar sowohl Männlein wie Weiblein, sich laut Statistik einer Orgasmushäufigkeit erfreut, angesichts derer wir dekadenten Stadtpflanzen vor Neid erblassen würden.
In einem ländlichen Gasthof hörte ich staunend den Wirt und die Wirtin durch die dünne Wand hindurch bei einer Tätigkeit, die als eine der schönsten der Welt gilt. Nach dem üblichen Gestöhne wie bei unsereins ging das so vor sich: »Na na na na – uuuuuiiiiiii ...«
Schluss aus, das war's. Übergangslos folgte ungehemmtes Schnarchen.
Dazu passt auch noch folgendes Erlebnis: Eines Tages humpelte ein benachbarter Bauer mit verbundenem Fuß durch die Gegend. »Was ist dir denn passiert?« fragte ich ihn. »I hob mia di Zech brocha, weil I beim Liebesspiel mainer Gattin in den Arsch treten hoab!«

Na denn: Mundwinkel nach oben – lacht Leute!
Schaden kann's auf keinen Fall.
Und schließlich: Lache und die Welt lacht mit dir!

Meine Witzkiste

Die Erfinder von Witzen sollen über einen hohen Intelligenzquotienten verfügen, heißt es.
Na fein. Mir ist noch kein einziger Witz eingefallen. Rückschlüsse sind erlaubt.
Über Witzeerzähler und die Entstehung von Witzen sagt der bereits erwähnte Psychotherapeut und Psychoanalytiker Dr. Michael Titze:
»Witze sind die Schöpfung von Menschen, die einen Spaß an jeglicher Art von Normverletzung haben.
Da der Witz ein intellektuelles Wortspiel ist, müssen diese Menschen einerseits sehr klug sein, andererseits muss es ihnen Vergnügen bereiten, gerade die Klugheit auf die Schippe zu nehmen. So entstehen logische Brüche – oder eben ›Kontraste‹ zwischen normalem und absurdem Denken.
Wichtig für die Konstruktion eines Witzes ist seine Knappheit und Kürze. Langatmigkeit ermüdet den Zuhörer. Das zum Lachen anregende Kontrasterlebnis ergibt sich aus der Pointe, der endgültigen Zuspitzung der witzigen Erzählung. Hier lässt sich auch von einem Paradebeispiel der Schlagfertigkeit sprechen. Nur unter dieser Voraussetzung wird ein Witz, der ursprünglich die Erfindung eines unbekannten Kreativen war, zum Gemeingut, indem er – oft über Jahrzehnte hinweg – weitererzählt wird.«

Genau dies trifft für die folgenden Witze zu:

> *Witze sind die Schöpfung von Menschen, die einen Spaß an jeglicher Art von Normverletzung haben*

Witze

Der zerstreute Professor trifft einen alten Freund und fragt: »Und wie geht es der Frau Gemahlin?«
Der andere antwortet: »Meine Frau ist doch schon seit Jahren tot!«
Darauf der Professor: »Soso! Und – immer noch auf demselben Friedhof?«

»Riso fa buon sangue«, sagen die Italiener, »das Lachen macht gutes Blut«. Die haben natürlich leichter lachen als wir, bei denen scheint viel öfter die Sonne als bei uns.
Meine ersten Italienischkenntnisse erwarb ich Anfang der Fünfzigerjahre anhand der Assimil-Methode. Die Lektionen, zu denen es auch eine Kassette gab, bestanden überwiegend aus Kalauern. Man merkt dem Buch sein Alter und die Nachkriegszeit an, denn die Themen drehen sich überwiegend um das Essen, das damals eben noch recht knapp war. Da ist noch von Menüs für 4 und 6 Lire die Rede!
Hier sind meine Lieblingskalauer aus dem gastronomischen Bereich:

Gast zum Ober: »Was ist der Unterschied zwischen dem Menü zu 4 und dem Menü zu 6 Lire?«
Der Ober: »2 Lire!«

Meine Witzkiste

Einer, der gut lachen hat!

Meine Witzkiste

Der Gast: »Herr Ober, ich hatte ein Schnitzel mit Ei bestellt, wo ist das Schnitzel?«
Der Ober: »Unter dem Ei!«

Der Gast: »In meiner Suppe schwimmt eine Fliege!«
Der Ober: »Nicht mehr lange. Am Tellerrand nähert sich eine Spinne!«

Ein Gast: »Bitte einmal Fisch!«
Ein zweiter Gast: »Für mich auch Fisch, aber bitte frisch!«
Der Ober ruft in die Küche: »Zwei Mal Fisch, der eine will ihn frisch!«

Und noch ein kleiner Abstecher in eher literarische Gefilde:

Die Kundin im Buchladen: »Ich hätte gern etwas Ernstes, Historisches.«
Die Verkäuferin: »Nehmen Sie doch die letzten Tage von Pompeji!«
Die Kundin: »Ach je, woran ist der denn gestorben?«
Die Verkäuferin: »An einem Ausbruch, glaube ich.«

Meine Witzkiste

Bei der Geschichte »Genesis und Katastrophe« aus dem Buch »Küsschen Küsschen« von Roald Dahl hat die Pointe bei mir einen regelrechten hysterischen Lachschock ausgelöst.

Über sechs Seiten jammert die Wöchnerin dem Arzt vor, wie viele Kinder sie schon verloren habe, und dieses sähe ja nun auch wieder so schwächlich aus:
»*Ich habe gebetet und gebetet, dass er am Leben bleibt, Herr Doktor.*«
»*Natürlich bleibt er am Leben. Warum denn nicht?*«
»*Weil die anderen ...*«
»*Wie?*«
»*Von meinen anderen ist keines am Leben geblieben, Herr Doktor.*«
....
Der Arzt beruhigt sie:
»*Sie brauchen sich wirklich nicht zu sorgen*«, sagt der Arzt, »*Ihr Baby ist ein durchaus normales Kind.*«
»*Genau das hat man mir bei den anderen auch gesagt. Aber ich habe sie alle verloren, Herr Doktor, in den letzten achtzehn Monaten habe ich drei Kinder verloren. Sie dürfen mir also keine Vorwürfe machen, wenn ich jetzt ängstlich bin.*«
»*Drei?*«
»*Dies ist mein viertes ... in vier Jahren.*«
....
Der Arzt versucht weiterhin, der Frau ihre Ängste zu nehmen und sie abzulenken:
»*Denken Sie jetzt nicht daran.*«
»*Ist dieses sehr klein?*«
»*Es ist ein ganz normales Kind.*«

137

Meine Witzkiste

»Aber klein, nicht wahr?«
»Nun, besonders groß ist es nicht. Aber gerade solche Kinder sind meistens sehr widerstandsfähig. Und stellen Sie sich nur vor, Frau Hitler, nächstes Jahr um diese Zeit wird der Junge gehen lernen. Ist das nicht ein hübscher Gedanke?« ...
....
Jetzt kommt der Ehemann hinzu:
»Schon gut, Klara. Hör auf zu weinen.«
....
 »Monatelang bin ich Tag für Tag in die Kirche gegangen und habe die Heilige Jungfrau auf den Knien angefleht, dass sie mir dieses Kind am Leben erhält.«
»Ja, Klara, ich weiß.«
»Drei tote Kinder – mehr kann ich nicht ertragen, verstehst du?«
»Natürlich.«
»Er muss am Leben bleiben, Alois. Er muss, er muss. O Gott, hab Erbarmen mit ihm«.
....
Als der Arzt die Wöchnerin mit »Frau Hitler« anredete, stockte mir fast das Blut in den Adern. Von allen Geschwistern bleibt ausgerechnet der kleine Adolf am Leben, das schwächliche Würmchen, das sich zu einem der größten Massenmörder entwickeln sollte, und zu dessen Rettung auch noch Gott und die Heilige Jungfrau angefleht werden.
Da behaupte noch jemand, dieses irdische Dasein sei kein kosmischer Witz!

138

Meine Witzkiste

Mein schrecklich-schöner Lieblingswitz:

Ein Ehepaar kommt zum Scheidungsrichter, er ist 96 Jahre alt, sie 90.
Der Richter erstaunt: »Und das fällt Ihnen jetzt ein, dass Sie sich scheiden lassen wollen?«
Darauf beide wie aus einem Munde: »Nein, das wollen wir schon seit 50 Jahren, aber wir wollten warten, bis die Kinder tot sind!«

Komisch, aber auch schrecklich traurig.
Was für ein Leben! Nie den Augenblick gelebt. Immer alles auf später verschoben.
Auf *zu* spät.

Kinder können über alles lachen. Speziell über das, was sich unterhalb der Gürtellinie abspielt. Besonderer Beliebtheit erfreuen sich Flatulenzen, weniger vornehm ausgedrückt, Furze, noch dazu wenn diese Respektspersonen entfleuchen:
Der Vater furzt, die Kinder lachen –
So kann man mit kleinen Dingen der Familie Freude machen.
Kann gestressten Familienvätern über verregnete Sonntage helfen oder auch bei Ebbe in der Haushaltskasse die Familienunterhaltung sicherstellen.
(Mein Tipp: einen anständigen Topf Bohnensuppe kochen. Jedes Böhnchen gibt ein Tönchen!)

Wie sehr das Kinderbild aber auch dem Wandel der Zeiten unterliegt, zeigt eine Geschichte, die Sigmund Freud in seinem Buch »Der Witz – und seine Beziehung zum Unbewussten« schildert:

»Ein Geschwisterpaar, ein 12-jähriges Mädchen und ein 10-jähriger Knabe, führen ein von ihnen selbst komponiertes Theaterstück vor einem Parterre von Onkeln und Tanten auf. Die Szene stellt eine Hütte am Meeresstrande dar. Im ersten Akt klagen die beiden Dichter-Schauspieler, ein armer Fischer und sein braves Weib, über die harten Zeiten und den schlechten Erwerb. Der Mann beschließt, mit seinem Boot über das weite Meer zu fahren, um anderswo den Reichtum zu suchen, und nach einem zärtlichen Abschied der beiden wird der Vorhang zugezogen.

Der zweite Akt spielt einige Jahre später. *Der Fischer ist als reicher Mann mit einem großen Geldbeutel zurückgekehrt und erzählt der Frau, die er vor der Hütte wartend antrifft, wie schön es ihm draußen geglückt ist. Die Frau unterbricht ihn stolz: Ich war aber auch nicht faul unterdessen, und öffnet seinen Blicken die Hütte, auf deren Boden man zwölf große Puppen als Kinder schlafen sieht* ...

An dieser Stelle des Schauspieles wurden die Darsteller durch ein sturmartiges Lachen der Zuschauer unterbrochen, welches sie sich nicht erklären konnten. Sie starrten verdutzt auf die lieben Verwandten hin, die sich soweit anständig benommen und gespannt zugehört hatten. Die Voraussetzung, unter der dieses Lachen sich erklärt, ist die Annahme der Zuschauer, dass die jungen Dichter noch nichts von den Bedingungen der Entstehung der Kinder wissen und darum glauben können, eine Frau würde sich der in längerer Abwesenheit des Mannes geborenen Nachkommenschaft rühmen und ein Mann sich mit ihr freuen dürfen.«

Meine Witzkiste

Vata wird sich frein, wenn er aus 't Zuchthaus kommt, det wir schon so ville sind.

Ich liebe Witze, die kurz sind.
Da bin ich einer Meinung mit Polonius, den Shakespeare im »Hamlet« (in der Übersetzung von Schlegel) sagen lässt:
»Weil Kürze dann des Witzes Seele ist, Weitschweifigkeit der Leib und äußre Zierrat, fass' ich mich kurz.«

Zwei Frauen unter sich.
»Stell dir vor, ich habe eine Neurose bekommen!«
»Na freu dich doch! Mein Mann schenkt mir schon seit zwanzig Jahren keine Blumen mehr!«

Meine Witzkiste

Aus Österreich importiert:
Graf Bobby und seine Frau erwarten ein Kind. Die Frau liegt in den Wehen und schreit vor Schmerzen ganz fürchterlich.
Meint Graf Bobby entnervt: »Ach Liebling, wenn es so schwer geht, dann lass es doch lieber!«

Ein Mann fragt einen anderen:
»Entschuldigung, ist das da oben der Mond?«
Darauf der andere: »Keine Ahnung, ich bin nicht von hier!«

Ein arbeitsloser Schauspieler sitzt hungrig am Telefon in der Hoffnung auf einen Anruf, der ihm ein Engagement bringt.
Endlich, es klingelt! Er reißt den Hörer an sich.
»Ist dort Rothschild?«, fragt eine Stimme.
Der Schauspieler: »Mein Gott, sind Sie falsch verbunden!«

Ein sozusagen universeller Witz, überall dort vorstellbar, wo Frauen und Männer sich miteinander abmühen.
Die Frau schenkt ihrem Mann zu Weihnachten zwei Krawatten. Der bindet sofort eine davon um.
Meint die Gattin spitz: »So, die andere gefällt dir wohl nicht!«

Meine Witzkiste

Ein Mann bemerkt am Finger seines Freundes, der längere Zeit abwesend war und als Lebemann gilt, einen Trauring.
»Was, du hast geheiratet?«, fragt er.
»Ja«, sagt der andere, »trauring, aber wahr!«

»Von Kindesbeinen an ist mein Verhältnis zu den Frauen immer sehr unglücklich gewesen. Schon bei den Doktorspielen musste ich die Rolle des Krankenwagenfahrers übernehmen.« (Boris Makaresko)

Einer von den zweideutigen Witzen:
Die einen sagen, der Mann habe viel verdient und sich dabei etwas zurückgelegt,
die anderen sagen, die Frau habe sich etwas zurückgelegt und dabei viel verdient.

Weniger zum Lachen als zum Erschrecken:
Der Delinquent auf dem Gang zur Hinrichtung: »Na diese Woche fängt ja gut an!«

»Wie geht's?«, fragt der Blinde den Lahmen. »Wie Sie sehen!«, antwortet der Lahme dem Blinden.

143

Meine Witzkiste

Geradezu erquickend in seiner Harmlosigkeit dagegen:
»Mäh!«, sagt das Schaf zum Rasenmäher.
»Von dir lasse ich mir noch lange nichts befehlen!«, sagt der Rasenmäher.

Zwei alte Schauspielerinnen sitzen im Cafe. Die eine sieht schlecht, die andere hört schlecht. Sagt die Erste zur Zweiten: »Wenn du mir sagst, wer reinkommt, sag ich dir, was sie reden!«

Zwei Fallschirmspringern wurde versprochen, dass erstens selbstverständlich die Fallschirme sich öffnen würden und dass zweitens ein Jeep sie unten auf der Erde erwartet.
Die Fallschirme öffnen sich nicht, die beiden Männer rasen wie Steine in die Tiefe.
Ruft der eine: »Lachen tät ich, wenn der Jeep auch nicht da wäre!«

Darüber lacht man in Italien.
»Jesus war natürlich Italiener!«
»Wieso das denn?«
»Na, bis zu seinem dreißigsten Lebensjahr wohnte er bei den Eltern. Seine Mutter hielt er für eine Jungfrau, und die hielt ihn für einen Gott.«

Meine Witzkiste

Bei unseren östlichen Nachbarn zur Zeit des Kommunismus gehört:
Der Kommissar besucht die Kolchose.
»Wie sieht die Kartoffelernte aus?«, fragt er den Verwalter.
»Großartig«, antwortet der, »es gibt so viele Kartoffeln, dass sie bis in den Himmel zum lieben Gott reichen!«
»Dummkopf«, schimpft der Kommissar, »es gibt keinen lieben Gott!«
Der Verwalter: »Es gibt auch keine Kartoffeln!«

Achtung – nur für Katzenliebhaber!.
Der Barmann zu einem Gast: »Du bist betrunken, du kriegst nichts mehr!«
Der Gast: »Ich und betrunken? Keine Spur! Ich sehe genau, dass die Tür aufgeht und eine Katze hereinkommt, die nur ein Auge hat!«
Der Barmann: »Du bist ja noch betrunkener, als ich dachte! Die Katze geht doch hinaus!«

Normale Leute verstehen diesen Witz eher selten. Katzenfreaks sofort.
Wissen sie doch, dass ihre Lieblinge bei guter Laune mit steil emporgerecktem Schwanz zu stolzieren pflegen.

145

Meine Witzkiste

»*Du kochst wirklich miserabel*«, *sagt der Ehemann zur Ehefrau,* »*immer, wenn es Essen gibt, schleicht sich unser Hund heimlich in den Garten aus lauter Angst, ich könnte ihm etwas abgeben!*«

Wie schon gesagt, habe ich als Tochter eines Nazivaters Probleme mit Witzen über Juden. Sigmund Freud, selbst Jude, erklärt aber, die berühmten Judenwitze seien von Juden selbst kreiert worden. Er führt in seinem Buch einige an und weil eine Auswahl ohne jüdische Witze einfach unvollständig ist, erlaube ich mir, hier ein paar zum Besten zu geben.

Grün und Blau bewundern im Museum ein Gemälde der Heiligen Familie.
Nach einiger Zeit schüttelt Grün den Kopf und sagt:
»*Blau, da kannst sehn die Chuzpe von de Gojims: Der Josef in Fetzen, die Maria halbert nackert, das Kindl in der Futterkrippen – aber von Rubens müssen se sich malen lassen!*«

Grün und Blau entdecken auf einem Friedhof das imposante Mausoleum der Familie Rothschild. Lange Zeit stehen sie andächtig staunend davor. Dann sagt Blau:
»*Die verstehen zu leben!*«

Meine Witzkiste

Grün und Blau sitzen auf einer Parkbank. Ein Vogel fliegt vorüber und lässt Blau einen Klacks direkt auf den Kopf fallen. Sagt der: »Und für de Gojims singen se!«

Zwei Juden treffen sich am Badehaus.
»Hast du genommen ein Bad?«*, fragt der eine.*
»Wieso?«*, fragt der andere,* »fehlt eins?«

Ein Pferdehändler empfiehlt dem Kunden ein Reitpferd.
»Wenn Sie dieses Pferd nehmen und sich um 4 Uhr früh aufsetzen, sind Sie um $^1/_2$ 7 Uhr in Pressburg.«
»Was mach' ich in Pressburg um $^1/_2$ 7 Uhr früh?«

Ein Herr kommt in eine Konditorei und lässt sich eine Torte geben; bringt dieselbe aber bald wieder und verlangt an ihrer statt ein Gläschen Likör. Dieses trinkt er aus und will sich entfernen, ohne gezahlt zu haben. Der Ladenbesitzer hält ihn zurück.
»Was wollen Sie von mir?«
»Sie sollen den Likör bezahlen.«
»Für den habe ich Ihnen ja die Torte gegeben.«
»Die haben Sie ja auch nicht bezahlt!«
»Die habe ich ja auch nicht gegessen!«

Das könnte eine Szene aus »Versteckte Kamera!« gewesen sein!

Meine Witzkiste

Der Bräutigam ist bei der Vorstellung der Braut sehr unangenehm überrascht und zieht den Vermittler beiseite, um ihm flüsternd seine Ausstellungen mitzuteilen.
»Wozu haben Sie mich hierher gebracht?«, fragt er ihn vorwurfsvoll. »Sie ist hässlich und alt, schielt und hat schlechte Zähne und triefende Augen ...«
»Sie können laut sprechen«, wirft der Vermittler ein, »taub ist sie auch.«

Der folgende Witz soll meine Auswahl der von Freud analysierten Witze beschließen.
Er stammt von keinem Geringeren als dem Dichter Heinrich Heine.

Heine lässt den Hühneraugenoperateur Hirsch-Hyacinth aus Hamburg sagen:
»Und so wahr mir Gott alles Gute geben soll, Herr Doktor, ich saß neben Salomon Rothschild und er behandelte mich wie seinesgleichen, ganz famillionär!«

Narreteien sind international und der Witz auch.
Interessanterweise treibt der in Indien beliebte Tor Mulla Nasruddin auch in der Türkei sein Unwesen – unter dem Namen »der Hodja«.
In beiden Ländern wird haargenau dieselbe Geschichte erzählt:

Eines Tages verlor Mulla (oder der Hodja) irgendwo im Haus seinen Goldring.

Meine Witzkiste

Nachdem er eine Weile gesucht hatte und ihn nicht finden konnte, ging er nach draußen, um ihn im Lichte einer Laterne zu suchen. Sein Nachbar fragte, wonach er suchte.
»Ich suche nach meinem Ring«, erwiderte er.
»Wo hast du ihn verloren?«, fragte der Nachbar.
»Irgendwo im Haus!«, antwortete Mulla-Hodja.
»Warum suchst du ihn dann hier draußen?«
»Weil es hier draußen mehr Licht gibt!«

Der Hodja machte sein Testament. Er schrieb:
Ich habe nichts. Dies soll gleichmäßig aufgeteilt werden unter all den Mitgliedern meines engsten Familienkreises. Das, was übrig bleibt, soll den Armen gegeben werden.

»Warum musst du immer das letzte Wort haben?«, sagt jemand zum Hodja.
»Tue ich das?«, antwortet der Hodja.

Lachen ist auch ein Politikum, wie der aufbrausende Applaus und das Gelächter in einem Berliner Theater während der Nazidiktatur zeigte, als der Marquis Posa in Schillers »Don Carlos« ausruft: »Sire, geben Sie Gedankenfreiheit!«
So darf in meinem Buch nicht fehlen was eigentlich

Meine Witzkiste

nicht als Witz, sondern eher als Aphorismus bezeichnet werden muss.
Er stammt von dem für mich unvergesslichen, im wahrsten Sinne todesmutigen Kabarettisten Werner Finck, der sich während der Nazizeit durch seine kühnen Sprüche fast um Kopf und Kragen redete, immer wieder:
»Ich stehe hinter jeder Regierung, bei der ich nicht sitzen muss, wenn ich nicht hinter ihr stehe.«

Marterlsprüche

Als ich auf dem Land wohnte, habe ich mit Begeisterung Marterlsprüche gesammelt, in denen eines meist plötzlich aus dem Leben gerissenen lieben Menschen gedacht wird.
Sie faszinieren mich nach wie vor, weil sie kurz und bündig und oft unfreiwillig komisch schildern, was Sache ist. Hier nun meine liebsten Marterlsprüche:

Da wurde zum Beispiel einer wegen eines Krapfens umgebracht – *»Es wor in der Silvesternocht, da ham's mi um mein Leben brocht«* – einen anderen, einen jungen Mann im Trachtenanzug, sieht man kopfüber vom Balkon stürzen, der Kommentar dazu lautet:
»Oben war ich ganz und heil – unten leider s'Gegenteil.«

Es gab vereinzelt auch Marterlspruch-Dichter, wie Hans Roth in seinem Buch »Marterlsprüch« schreibt, so den

Meine Witzkiste

1907 verstorbenen Schneidermeister Eduard Beer aus Unterach am Attersee, von dem zahlreiche Marterlsprüche und Grabinschriften überliefert sind.
Einem Bauernsohn namens Ochs widmete Beer folgende Zeilen:

*Hier ruht das junge Öchselein
Dem alten Ochs sein Söhnelein.
Gott der Herr hat's nicht gewollt
Daß er ein alter Ochs wer'n sollt.*

Für einen Boten aus St. Gilgen reimte Beer:
*Hier ruht in Gott
Der St. Gilgner Bot',
Sei gnädig ihm, o Herr,
wie er es wär,
Wenn er wär Gott
Und Du der St. Gilgner Bot'.*

Häufig sind die Naturgewalten am Exodus schuld:
*Drei saßen hier vor dem Ungewitter in Sicherheit.
Einer lebt, die andern zwei sind in der Ewigkeit.*
(Zwischen Walchen- und Kochelsee)

Meine Witzkiste

Hier liegen begraben
Vom Dunder (Donner) erschlagen
Drei Schaf, a Kalb und a Bua,
Herr! Gib ihnen die ewige Ruah.
(Pitztal)

Hier ruht der ehrsame Johann Missegger,
Auf der Hirschjagd durch einen unvorsichtigen
Schuss erschossen, aus aufrichtiger Freundschaft
Von seinem Schwager Anton Steger.
(bei St. Johann)

Brucka ganga, Brucka brocha,
Abigfalle, nau versoffa!
(bei Ulm)

Der Schustersepp von Lauterbach
Ist hier ersoffen in der Ach.
Er trank zuviel vom Branntewein.
Drum fiel er in die Ach hinein.
Gott schenke ihm die ew'ge Ruh
Und noch ein Viertel Schnaps dazu.
(in Lauterbach an der Ach)

Meine Witzkiste

*Scherzhaft hüpfte dieser Greise
Allhier auf dem Eise,
Als der See einbrach, da war
Es mit seinem Leben gar.*
(Chiemsee)

*Von sieben Stichen todtgebohrt
Starb Peter Hofer hier am Ort.
Der gerechte Gott im Himmel
Wird strafen einst auch diesen Lümmel.*
(bei Lana)

*Ich wuchs ganz allgemein heran
In meiner Sündenblüthe,
Da kam ein Stier an mir vorbei
Und stieß mich in die Mitte.
Zur Himmelsfreud, zur ewigen Ruh
Kam ich durch dich, du Rindvieh du!*
(bei Brixen)

*Verunglückt ist auf solche Art
Der Holzer Sepp hier ohne Bart,
A Stoanschlag bracht ihn um sein Leben,
Jetzt tut's koan Holzer Sepp mehr geben.*
(Tölz)

Meine Witzkiste

Im Leben wie Milch und Blut
Im Tode kreidebleich
Gestorben am 10. Oktober
Am 12ten war die Leich.
(Lanner Winkel)

Aber auch Dichter wie Karl Schönherr haben Marterl-
sprüche gereimt.
Von ihm stammen die beiden nächsten:
Mein Gott, mein Gott, schon wieder oaner,
Und die Knochn nummeriert sich koaner;
Dö Turisten werdn nit übel fluach'n
Und umanander suachn
Um ihre Boaner,
Dös wird amal a nette G'schicht,
Wenns aufstiahn hoaßt
Am jüngst'n Gericht.

Da verunglückte sich ein
Junger Doktor der Mähdezin
Aus Berlin
Und war im Augenblick hin.

Ein Herr namens Rudolf Greinz dichtet, wie ich finde,
recht schadenfroh:
Zuerst sein die Seil 'brochen,
Dann dem Rentner Boos aus Hamburg alle Knochen.
Tot war auch sein Führer Johann Hutter,
Jedoch der Rentner war womöglich noch kaputter.

Meine Witzkiste

Nun zieht Herr Greinz auch noch gehörig gegen die Preußen vom Leder, womit wir wieder beim Gelächter aus Schadenfreude angekommen wären:

Hier kugelte hinunter August Lindemann aus Berlin,
Dereinsten war er lebendig, nunmehro ist er hin.
Wenn sie zuviel in unsern Bergen reisen,
Kann Sotanes passieren auch noch andern Preußen.

Gegen die Sachsen hat der Herr Greinz auch was:
O du verflixter Alpensport!
Wär' ich geblieben in Dresden dort!
Schon beim ersten Aufikraxeln
Brach ich's G'nack und beide Haxeln,
Dazu den Schädel noch in lauter Trümmer –
Ich tu's g'wiß' nimmer!

Da bleibt mir nur hinzuzufügen: O frommer Leser, auch nichtfrommer du, bedenke, überall lauern Gefahren und rasch tritt der Tod den Menschen an – deshalb, o Leser, halte inne, meditiere – und lache, lache, lache!

Nachwort

Wir haben von Menschen gehört, die lachend in den Tod gingen.
Ich möchte mein Lachbuch mit der Geschichte eines Heiligen beenden, der auch nach seinem Abschied von dieser Welt seine Freunde zum Lachen brachte.

Ein Heiliger wurde von seinen Zeitgenossen wegen seines heiteren, immer glücklichen Wesens besonders geliebt.
Eines Tages schickte er sich an, seinen Körper zu verlassen, sang ein Lied und ordnete an:
»Legt meinen Körper mitsamt den Kleidern auf den Scheiterhaufen und wascht ihn vorher nicht!«
So wurde er mitsamt seinen Kleidern verbrannt.
Er hatte Feuerwerkskörper in den Kleidern versteckt, die alle anfingen, zu explodieren.
Sein Scheiterhaufen wurde zu einem Festplatz!
Die Leute lachten und sagten:
»Er hat uns zu Lebzeiten immer zum Lachen gebracht und er bringt uns auch im Tod noch zum Lachen!«

> *Mit Feuerwerk ins Jenseits!*
> *Von einem solchen Abgang kann ich als Schauspielerin nur träumen.*

Anhang

Adressen, Organisationen und Autoren

Boerner, Moritz:
geb. 1945, ist Filmemacher, Journalist, Buchautor, spiritueller Berater, Künstler und Programmierer.
Er veranstaltet Seminare über »The Work«, die genial einfache Methode, mit deren Hilfe man jede Art von Problemen lösen und Freiheit erlangen kann.
Wichtigste Veröffentlichungen: »Byron Katies The Work«, »Gemeinsam lieben«, »Weisheit aus dem Unbewussten«, »Tao der Trance« (alle bei Goldmann erschienen), »Hypnose und Suggestion«, »Computerprogramm MagicWorks« (Satori-Verlag), »Abenteuer meiner Seele«, »Catch Your Dreams ...« (Kinofilme – als Video erhältl. beim Autor).
Website: http://www.MoritzBoerner.de
Tel. und Fax: 0700-62637637

Clown-Doktoren
Butterblumenweg 5, 65201 Wiesbaden
Tel.: 0611/9410176

Dahl, Roald
»Küsschen Küsschen! Und noch ein Küsschen. Ungewöhnliche Geschichten«. Reinbek 2001

Anhang

David gegen Goliath e.V.
Prälat Zistl Str. 6, 80331 München
Fax: 089/23662060
E-Mail: RABernhardFricke@compuserve.com

Draeger, Thomas
Cikon-Filmproduktion, Lachchor »krumm und schief«
Die CD »Lach Meditationen« kann man bestellen:
E-Mail: cikon@snafu.de
Internet: www.lach-meditationen.de
Tel: 030/7813074, Fax: 030/7883187

Freud, Sigmund:
»Der Witz und seine Beziehung zum Unbewussten«,
Frankfurt 1992

Inter-Nett!
Lach-Links in alle Welt www.worldlaughtertour.com

Kataria, Madan, Dr.
Informationen zu Dr. Madan Kataria bei Hans Höting,
Heilpraktiker,
Arster Heerstr. 13, 28279 Bremen
Tel. und Fax: 0421 – 820395
Homepage: www.top-hoeting.de
E-Mail: hoeting-bremen-hp@t-online.de

Kunz, Erika
Adresse: Am Floßkanal 37, 79650 Schopfheim,
Fax: 07622/671692
E-Mail: Erika.Kunz@01019freenet.de

Anhang

Lachclub Wiesbaden + Kirche des Humors
Wandersmannstr. 2 b, 65205 Wiesbaden-Erbenheim
Tel. und Fax: 0611/9749238
E-Mail: G.Steiner-Junker@web.de
Internet: www.LachZen.de

Osho
Informationen zu Osho und seinen Meditationen bei
Osho Verlag GmbH,
Lütticher Str. 40, 50674 Köln
Tel: 0221/2780420 Fax: 0221/2780466
E-Mail: redaktion@oshotimes.de
Website: www.oshotimes.de – www.oshoverlag.de

Roth, Hans
»Marterlsprüch«, Süddeutscher Verlag, München

Titze, Michael, Dr.
Fax: 07461/15508
E-Mail: Michael.Titze@t-online.de
Homepage: www.humor.ch
Bücher:
Titze, Michael: »Die heilende Kraft des Lachens«, Kösel-Verlag, München, 3. Aufl. 1999 und
Titze, Michael / Eschenröder, Christof: »Therapeutischer Humor«, Fischer Taschenbuchverlag, Frankfurt 1998.

Uber, Heiner/Mondhe, Papu Pramod Mondhe
»Länder des Lachens. Reisen zu heiteren Menschen«,
Frederking & Thaler Verlag, München 2000

202 Witze von Hodja Nasreddin
Minyatür Verlag, No:5 Galeri Minyatür, Mesruiyet Cad.
No:93/A, Tepebasi-Istanbul, Türkei